엑스포지멘터리 성경공부 시리즈

창세기(II)

인도자용

창세기 12–24장

엑스포지멘터리 성경공부 시리즈

창세기(Ⅱ)

인도자용

창세기 12–24장

| 송병현 · 임우민 지음 |

EM Exposi Mentary

차례

창세기(II) 엑스포지멘터리 성경공부 오리엔테이션

(60분 소요)

1. 찬양과 기도 (5분)

다함께 찬양할 수 있는 곡을 선곡하십시오.

세미나 모임을 위해 기도하십시오.

2. 자기 소개 (10분)

1) 서로 잘 아는 사이의 그룹일 경우 - 한 명씩 돌아가면서 소개하도록 하십시오. 본인의 성격을 동물이나 꽃에 비유하여 소개하는 것도 자신의 특성을 잘 소개할 수 있는 방법입니다.

2) 서로 잘 모르는 사이의 그룹일 경우 - 두 명이 한 조를 이루어 각자의 '제일 잘 하는 것 한 가지'를 서로 나눕니다. 3분 정도 후 돌아가며 서로의 짝을 소개하는 시간을 갖습니다. 쑥스러운 분위기를 부드럽게 만드는 방법입니다.

   인도자가 먼저 자신을 소개하여 어떻게 하는지 본을 보입니다.

3. 학생용 책 나누어 주기 (5분)

인도자 지침서는 나누어 주지 마십시오.

4. 엑스포지멘터리 성경공부 시리즈에 대한 소개 (2분)

'엑스포지멘터리'(EXPOSItory + comMENTARY = EXPOSIMENTARY, 해설주석)는 '해설, 설명'을 뜻하는 'expository'라는 단어와 '주석'을 뜻하는 'commentary'를 합성한 단어입니다. 본문의 뜻과 저자의 의도와는 연관성이 없는 주제와 묵상으로 치우치기 쉬운 expository의 한계와 필요 이상으로 논쟁적이고 기술적일 수 있는 commentary의 한계를 극복하여 가르치는 사역에 도움을 주기 위한 새로운 장르입니다. 〈엑스포지멘터리 시리즈〉로 재구성한 '엑스포지멘터리 성경공부 시리즈'는 올바른 성경해석과 적절한 말씀 적용을 핵심 목적으로 하는 평신도를 위한 성경공부 교재입니다.

5. 창세기(II) 서론 (15분)

1. 신학과 메시지
   1) 소명
   2) 언약의 주권적 이행
   3) 여호와 이레
   4) 헤세드(자비, 긍휼, 인애)

2. 구조

6. 이 책의 구성 및 사용 방법 (10분)

1) **복습**(예상소요 시간: 5분)

- 복습은 지난주에 배운 말씀 중 가장 핵심적인 부분을 이해하고 있는지 확인하는 부분입니다.
- 지난주에 결단했던 '생활의 아로마'가 어떻게 진행되었고, 삶에 어떤 변화를 가져왔는지 간단히 나눕니다.

2) **말씀 돋보기**–관찰(예상소요 시간: 20분)

- 말씀 돋보기는 숙제로 제시합니다.
- 말씀 돋보기는 Tip을 제시하고 있으며, Tip을 자세히 읽으면 스스로 답을 얻을 수 있습니다. 그러나 되도록이면 성경에서 답을 찾고 기록한 후, 그 문제를 이해했는지를 Tip을 통해 확인하도록 하십시오.
- 모임 시 함께 풀어 보며 문제들에 필요한 추가 설명을 곁들이고 어려움이 없었는지 확인합니다.

3) **삶의 내비게이션**–적용(예상소요 시간: 25분)

- 삶의 내비게이션은 모임 시간에 함께 나누는 부분입니다.
- 삶의 내비게이션은 과거, 현재, 미래형 질문으로 구성되어 있습니다.

4) **생활의 아로마**–실천(예상소요 시간: 5분)

- 생활의 아로마는 구체적인 실천 과제를 학생 스스로 적고 실천하는 부분입니다.
- 생활의 아로마는 매주 모임에서 토론한 내용 중에서 각자의 상황과 결단에 맞추어 한 가지 정도의 구체적인 실천 과제를 제시합니다. 모임을 시작하면서 실천 과제를 서로 나눕니다.
- 나눔의 깊이는 성령님의 인도하심, 인도자의 지혜, 그리고 그룹 구성원의 서로에 대한 신뢰의 정도에 따라 차이를 보일 수 있습니다.
- 학생용 교재 뒷부분의 '창세기(Ⅱ) 말씀 공부를 통한 삶의 변화 일지'를 이용해 엑스포지멘터리 성경공부를 통해 갖게 된 삶의 변화 과정과 결과를 한눈에 볼 수 있게 하였습니다.

〈엑스포지멘터리 성경공부 시리즈 구성〉

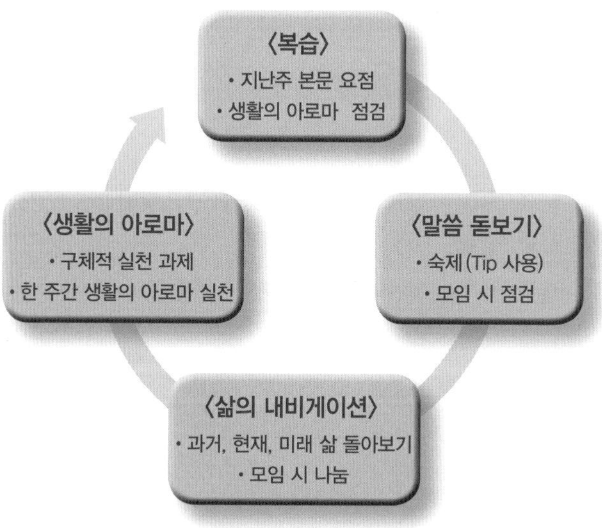

7. 서류 작성 (5분)

신청서, 기도제목, 비밀 유지 서약서(교재 끝 페이지) 등을 작성합니다. 서로의 기도제목을 작성하고 인도자가 정리 후 나누어 주어, 매주 모임에서 함께 중보할 수 있도록 합니다.

8. 기대와 포부 (5분)

성경공부 모임을 통해 기대하는 것을 구성원 중 두 명 정도만 이야기하도록 합니다.

9. 숙제와 실천 과제 (5분)

한 주간의 말씀 돋보기 부분을 숙제해 오도록 하십시오.

실천 과제로 창세기 12~24장을 소리 내어 두 번 읽어 오도록 하십시오.

10. 기도

다함께 이 성경공부 모임을 위해 기도하십시오.

다음 모임의 약속과 장소를 다시 한번 공지하십시오.

창세기(II) 서론

우리는 창세기 12장 이전의 내용을 통해서 끊임없이 죄를 짓는 인류의 모습을 보았다. 하나님께서는 인류의 죄악에도 불구하고 끊임없이 은혜를 베푸셔서 인류의 미래에 등불을 끄지 않으셨다. 그러나 시간이 흐를수록 커져만 가는 죄의 심각성에 우리는 불안해질 수밖에 없다. 그리고 인류가 하나님의 권위에 정식으로 도전장을 내민 바벨탑 사건에 이르러서는 '정녕 인류에 소망이 있는 것인가?'라는 질문을 하게 된다. 이와 같은 불안감을 해소해 주는 것이 바로 아브라함의 등장이다. 아브라함의 이야기는 그 동안 온 인류를 직접 대하셨던 하나님께서 이제부터 한 개인 혹은 지파를 중심으로 구원의 역사를 이루어 나가실 것을 암시한다. 하나님은 인류를 구원하기 위한 통로로 아브라함과 그의 후손들을 정하셨다.

1. 신학과 메시지

소명

창세기는 부르심을 주제로 한 책이다. 특별히 창세기(II)에서는 아브라함의 부르심을 잘 보여준다. 하나님께서는 아브라함을 부르셔서 온 세상의 복의 근원과 크고 많은 자손들의 선조가 되라는 축복과 함께 그의 자손들이 가나안 땅을 차지할 것이라는 약속도 주셨다. 이처럼 하나님께서는 사람을 부르시고 그의 부르심에 순종하는 사람들에게 축복과 약속을 주신다. 많은 사람들이 하나님께서 부르시면 그 소명에 순응하기 위해 큰 희생이나 대가를 치러야 하는 것으로 생각하는데, 실제로 소명은 가장 확실한 하나님의 축복의 통로이다. 이 책은 아브라함을 통해 그것을 분명히 보여 주고 있다.

언약의 주권적 이행

창세기의 특징은 하나님께서 끊임없이 사람들과 언약을 맺으신다는 점이다. 창세기(Ⅱ)에서도 하나님께서 아브라함에게 약속하신 땅과 자손의 복은(12:1-3; 15:1-21) 이스라엘 선조들과 후손들에게 가장 중요한 유산이 되어 대물림을 거듭했다. 그러나 문제는 아브라함이 끊임없이 하나님의 약속을 위기에 빠트린다는 점이다.

영토/땅의 위협 :
- 아브라함의 이집트 행(12:10-16)
- 조카 롯에게 땅을 먼저 선택하도록 하는 일(13:8-9)

씨앗/자손의 위협 :
- 아브라함이 사라를 누이라 하여 바로에게 주는 사건(12:17-20)
- 아브라함이 사라를 누이라 하여 아비멜렉에게 주는 사건(20:1-2)

창세기 저자는 인간에게 의로운 약속을 주시는 분이 하나님이실 뿐만 아니라 그 약속을 철저하게 이루시는 분도 하나님이심을 강조하고 있다.

여호와 이레

창세기의 하나님은 스스로 준비하는 분이시다. 아브라함은 하나님과의 관계를 위해서는 아들인 이삭까지도 바칠 수 있다는 믿음을 보여 줌으로써 여호와 이레의 하나님을 만날 수 있었다. 또한 이삭과 리브가의 결혼 이야기에서는 아브라함의 종의 기도에 세밀하게 응답하셔서 리브가를 예비하시고 보내 주시는 여호와 이레의 하나님이 잘 나타나고 있다.

헤세드(자비, 긍휼, 인애)

구약의 헤세드는 언약적 충성과 넘치는 자비, 그리고 긍휼로 나타난다. 특히 창세기에 나타난 헤세드는 넘치는 자비와 긍휼을 통해 복을 받는 사건들을 가리킨다. 아브라함과 리브가에서 그 예를 찾을 수 있다. 먼저, 아브라함은 낯선 나그네들을 융숭하게 대접하여 결국은 천사를 대접한 것으로 복을 받는다. 또한 리브가는 낯선 사람을 대접하고 그의 낙타에게까지 헤세드를 베풀어서 결혼에 이르는 복을 얻는다.

2. 구조

A. 사라의 위기: 아브라함의 이집트행(12:10-13:2)
B. 롯 사건 1(13:3-14:24)
C. 언약(15:1-21)
D. 이스마엘의 탄생(16:1-16)
C'. 언약(17:1-27)
B'. 롯 사건 2(18:1-19:38)
A'. 사라의 위기: 아브라함의 그랄행(20:1-18)

A. 이삭의 탄생과 위기(21-22장)
B. 사라의 죽음(23장)
A'. 이삭의 결혼(24장)
B'. 아브라함의 죽음(25장)

목숨 때문에··· (1)

창세기 12:1–13:2

학습목표

아브람처럼 하나님께 순종하면 약속과 축복의 주인공이 될 수 있다.

KEYWORD 약속, 축복

Ⅰ. 찬양과 기도

Ⅱ. 복습문제 풀이

복습

1 창세기(Ⅱ)의 신학과 메시지에 대해 기억나는 대로 적어 보시오.

소명, 언약의 주권적 이행, 여호와 이레, 헤세드(자비, 긍휼, 인애)

Ⅲ. 말씀 창세기 12:1-13:2을 다함께 읽는다

12:1 여호와께서 아브람에게 이르시되 너는 너의 고향과 친척과 아버지
의 집을 떠나 내가 네게 보여 줄 땅으로 가라 2 내가 너로 큰 민족을 이
루고 네게 복을 주어 네 이름을 창대하게 하리니 너는 복이 될지라 3 너
를 축복하는 자에게는 내가 복을 내리고 너를 저주하는 자에게는 내가
저주하리니 땅의 모든 족속이 너로 말미암아 복을 얻을 것이라 하신지
라 4 이에 아브람이 여호와의 말씀을 따라갔고 롯도 그와 함께 갔으며
아브람이 하란을 떠날 때에 칠십오 세였더라 5 아브람이 그의 아내 사

래와 조카 롯과 하란에서 모은 모든 소유와 얻은 사람들을 이끌고 가나안 땅으로 가려
고 떠나서 마침내 가나안 땅에 들어갔더라 6 아브람이 그 땅을 지나 세겜 땅 모레 상수
리나무에 이르니 그 때에 가나안 사람이 그 땅에 거주하였더라 7 여호와께서 아브람에
게 나타나 이르시되 내가 이 땅을 네 자손에게 주리라 하신지라 자기에게 나타나신 여
호와께 그가 그 곳에서 제단을 쌓고 8 거기서 벧엘 동쪽 산으로 옮겨 장막을 치니 서
쪽은 벧엘이요 동쪽은 아이라 그가 그 곳에서 여호와께 제단을 쌓고 여호와의 이름을
부르더니 9 점점 남방으로 옮겨갔더라 10 그 땅에 기근이 들었으므로 아브람이 애굽에
거류하려고 그리로 내려갔으니 이는 그 땅에 기근이 심하였음이라 11 그가 애굽에 가
까이 이르렀을 때에 그의 아내 사래에게 말하되 내가 알기에 그대는 아리따운 여인이
라 12 애굽 사람이 그대를 볼 때에 이르기를 이는 그의 아내라 하여 나는 죽이고 그대
는 살리리니 13 원하건대 그대는 나의 누이라 하라 그러면 내가 그대로 말미암아 안전
하고 내 목숨이 그대로 말미암아 보존되리라 하니라 14 아브람이 애굽에 이르렀을 때
에 애굽 사람들이 그 여인이 심히 아리따움을 보았고 15 바로의 고관들도 그를 보고 바
로 앞에서 칭찬하므로 그 여인을 바로의 궁으로 이끌어들인지라 16 이에 바로가 그로
말미암아 아브람을 후대하므로 아브람이 양과 소와 노비와 암수 나귀와 낙타를 얻었
더라 17 여호와께서 아브람의 아내 사래의 일로 바로와 그 집에 큰 재앙을 내리신지라
18 바로가 아브람을 불러서 이르되 네가 어찌하여 나에게 이렇게 행하였느냐 네가 어
찌하여 그를 네 아내라고 내게 말하지 아니하였느냐 19 네가 어찌 그를 누이라 하여 내
가 그를 데려다가 아내를 삼게 하였느냐 네 아내가 여기 있으니 이제 데려가라 하고
20 바로가 사람들에게 그의 일을 명하매 그들이 그와 함께 그의 아내와 그의 모든 소유
를 보내었더라 13:1 아브람이 애굽에서 그와 그의 아내와 모든 소유와 롯과 함께 네게
브로 올라가니 2 아브람에게 가축과 은과 금이 풍부하였더라

Ⅳ. 관찰문제의 바른 답

말씀 돋보기 - 관찰

1 여호와 하나님께서 75세의 아브람에게 명령하신 것은 무엇이며, 약속하신 네 가지 복은 무엇인가?(12:1-3)

명령: 너는 너의 고향과 친척과 아버지의 집을 떠나 내가 네게 보여 줄 땅으로 가라.

복 1) 내가 너로 큰 민족을 이루게 하리라.

2) 내가 네게 복을 주리라.

3) 너의 이름을 창대하게 하리라.

4) 너는 복이 될지라.

Tip

아브람이 하란을 떠날 때의 나이는 75세였다. 그의 나이 75세는 새로운 인생을 시작하기에는 다소 늦은 나이였다. 그러나 아브람은 어려운 상황에도 불구하고 하나님께 믿음으로 순종했다.

아브람은 〈엑스포지멘터리 성경공부 시리즈〉 창세기(I)에서 살펴본 노아와 마찬가지로 새 언약을 통해 온 세상에 축복을 가져왔다. 하나님은 그가 하나님의 말씀에 순종하면 온 인류가 그를 통해 복을 받게 될 것을 약속하신다. 이 두 이야기에 사용되는 문구들도 다음과 같이 비슷하게 전개된다.

〈노아와 아브람의 유사성〉

	노아(8:15-20)	아브람(12:1-7)
A	하나님이 노아에게 말씀하셨다(8:15)	주께서 아브람에게 말씀하셨다(12:1)
B	방주에서 나가거라(8:16)	네 땅을 떠나라(12:1)
C	노아가 나왔다(8:18)	아브람이 길을 떠났다(12:4)
D	노아가 주 앞에 제단을 쌓았다(8:20)	아브람이 주께 제단을 쌓았다(12:7)
E	하나님이 노아를 축복하셨다(9:1)	내가 너를 축복하리라(12:2)
F	생육하고 번성하라(9:1)	내가 너로 큰 민족이 되게 하리라(12:2)
G	너와 자손들과 언약을 세운다(9:9)	내가 이 땅을 네 후손에게 주리라(12:7)

2 아브람이 가나안 땅에 도착하여 제단을 쌓은 곳과 본문에 등장하는 가나안 땅 두 곳은 어디인가?(12:6, 8, 13:1)

12:6 세겜

12:8 벧엘과 아이 사이

13:1 네게브

Tip

본문에서는 아브람이 순례한 가나안 세 곳을 소개한다. 세겜(12:6)은 아브람이 가나안에 들어온 후 처음 방문한 지역이다. 세겜은 예루살렘에서 북쪽으로 70킬로미터 정도 떨어진 곳에 위치해 있으며, 에발 산과 그리심 산 사이에 있는 교통의 요충지였다. 이후 아브람은 벧엘과 아이 사이의 지역에 제단을 쌓았다(12:8). 벧엘의 원래 이름은 루스(28:19)며 예루살렘에서 17킬로미터 북쪽에 위치한 오늘날의 베이틴(Beitin)을 가리킨다. 구약에서 예루살렘 다음으로 자주 언급되는 지명이기도 하다. 마지막으로 아브람은 네게브(13:1)로 갔다. 네게브는 헤브론이 있는 지역이다. 나중에 아브람은 이곳에 땅을 산다.

3 가나안 땅에 기근이 들자 아브람이 내려간 곳은 어디이며, 그 의미는 무엇인가?(12:10)

장소: 애굽, 의미: 너무 쉽게 약속의 땅을 떠나고 있다.

Tip 가나안 지역에 심한 기근이 들었다. 팔레스타인 지역에 기근이 들면 거주민들은 안정적으로 양식을 제공할 뿐만 아니라 모든 것을 사고 팔 수 있는 시장이 형성되어 있는 이집트로 내려갔다. 아브람도 다른 가나안 사람들처럼 이집트로 내려갔다. 문제는 그가 너무 쉽게 약속의 땅을 떠나고 있는 것이다. 더구나 아브람은 하나님의 허락도 없이 약속의 땅을 떠났다.

4 아브람이 사래를 누이라고 한 이유는 무엇인가?(12:11)

너무 아름다워서

Tip 사래가 너무 아름다워서 사람들이 사래를 빼앗기 위해 그를 해할 수 있으니 누이라고 하자고 한 것이다. 사래의 아름다움에 대한 해석은 다양하다.

1) 사래의 아름다움은 지적 수준 혹은 나이와 상관없는 우아함이다.
2) 사래가 나이에도 불구하고 관리를 잘한 피부미인이었다.
3) 그 당시 사람들은 오래 살았기 때문에 65세는 그다지 늙은 나이가 아니다.
4) 당신의 생각은 어떤가?

5 아브람과 사래가 애굽으로 내려가면서 행한 일은 무엇이며, 그 결과는 어떠했는가?(12:10-20)

기근을 피해 이집트로 내려감 → 사래에게 거짓말을 하게 함
→ 바로가 사래를 데려가고 재물을 줌 → 하나님께서 바로를 치심
→ 바로가 아브람을 책망함 → 아브람이 재물을 가지고 떠남

Tip

〈아브람의 이집트 여정〉

요소	구절	내용
이주	10	아브람이 기근을 피해 이집트로 내려감
속임	11–13	아브람이 사래에게 거짓말을 하게 함
탈취	14–16	바로가 사래를 데려가고 아브람에게 재물을 줌

구원	17	하나님께서 바로를 치심
대면	18–19	바로가 아브람을 책망함
결론	20	아브람이 재물을 가지고 떠남

V. 적용과 나눔

삶의 내비게이션 - 적용

1 아브람을 믿음의 조상으로 두고 있는 우리 모두는 세상 사람들의 복의 통로이다. 공동체 안에서 연약한 지체를 세우고 격려하며 돌보고 섬기는 일을 통해서 서로에게 하나님의 복이 임하도록 해야 할 것이다. 당신에게 축복의 통로였던 사람이나 경험은 무엇이었는가?

관찰문제 1번 참조. 아브람이 축복의 통로가 된 것처럼 우리 모두는 축복의 통로이다. 다양한 공동체 안에서 각자가 축복의 통로가 되었던 경험을 이야기 나누어 본다. 또 '그 사람을 만나서 축복이었다'는 고백을 하게 되는 만남에 대해 이야기를 나누도록 한다. 타인의 이야기가 아니라 각자의 경험을 구체적으로 이야기 나눌 수 있도록 인도자가 돕는다.

2 아브람과 하나님의 첫 만남에는 특별한 단서가 없다. 다만 아브람에게 일정한 것을 포기하면 축복을 주실 것을 말씀하실 뿐이다. 현재 한국 교회는 전도의 어려움을 느끼고 있다. 아브람의 경우에 비추어 교회에 관심이 있는 자들에게 교회의 문턱이 높게 느껴지는 것은 무엇인가?

아브람을 찾아오신 하나님께서는 아브람에게 특별한 요구를 하지 않으신다. 다만 하나님의 말씀을 따르면 어떻게 하겠다는 조건만을 제시하신다. 하나님께서는 자신이 유일한 하나님이라는 말씀도, 조상이나 집안의 신들을 다 버리라는 강요도 하지 않으신다. 다만 일정한 것을 포기하면 축복을 주실 것을 약속하신다. 그러나 교회는 금주, 금연을 포함한 교회의 다양한 요구로 교회에 관심이 있는 자들의 발길을 돌리게 하고 있다. 아무 조건 없이 교회로 초청하여 하나님의 은혜 안에서 그들이 스스로 변해 가게 하는 것이 바람직한 모습이라 생각된다.
각자의 교회에서 그들에게 교회의 문턱이 높게 느껴지는 부분에 대해 이야기를 나누어 보고 해결 방법을 서로 모색하도록 한다.

3 아브람은 75세의 나이에 갑자기 성경의 주인공으로 등장한다. 당신이 당신 인생의 주인공으로 살아가는데 나이 또는 다른 장애물로 인해 실행하지 못한 일은 무엇인가?

아브람의 나이는 결코 적은 나이가 아니다. 그럼에도 불구하고 아브람은 75세의 나이에 하나님을 만나고 새로운 인생을 살게 된다. 우리 각자는 각자의 삶의 주인공이다. 그러나 주인공 역할을 감당하기 보다는 조연으로, 엑스트라로 자신의 일생을 보내고 있지는 않은지 생각해 보는 시간이 되도록 한다. 또한 나이, 학력, 경제력 등 다양한 장애물로 인해 자신의 꿈을 포기하거나 의욕을 잃은 이들에게 아브람이 주는 도전은 무엇인가 생각해 보도록 한다. 또 각자의 생활에서 이러한 장애물로 인해 실행하지 못한 것은 무엇인가 이야기를 나누어 보도록 한다.

Ⅵ. 마무리

- 기도로 마무리한다.
- 제2주 관찰문제를 예습해 오도록 한다.
- 실천 과제를 제시한다.

생활의 아로마 - 실천

예 1) 하나님께서 높여 주신 것, 남보다 잘 하는 것을 찾아 감사하는 시간을 갖도록 한다.

2) 장애물 중에서 극복할 수 있는 것 한 가지를 적고 실행하도록 한다.

돈 때문에…

창세기 13:3-18

학습목표

하나님의 때가 되면 모든 것이 분리되고 구별되는 것을 알 수 있다.

KEYWORD 분리, 구별

Ⅰ. 찬양과 기도

Ⅱ. 지난주 실천 과제 나눔

Ⅲ. 복습문제 풀이

복습

1 여호와 하나님께서 75세의 아브람에게 명령하신 것은 무엇이며, 약속하신 네 가지 복은 무엇인가?(12:1-3)

명령: 너는 너의 고향과 친척과 아버지의 집을 떠나 내가 네게 보여 줄 땅으로 가라.

복 1) 내가 너로 큰 민족을 이루게 하리라.
2) 내가 네게 복을 주리라.
3) 너의 이름을 창대하게 하리라.
4) 너는 복이 될지라.

Ⅳ. 말씀 창세기 13:3-18을 다함께 읽는다

13:3 그가 네게브에서부터 길을 떠나 벧엘에 이르며 벧엘과 아이 사이 곧 전에 장막 쳤던 곳에 이르니 4 그가 처음으로 제단을 쌓은 곳이라 그가 거기서 여호와의 이름을 불렀더라 5 아브람의 일행 롯도 양과 소와 장막이 있으므로 6 그 땅이 그들이 동거하기에 넉넉하지 못하였으니 이는 그들의 소유가 많아서 동거할 수 없었음이니라 7 그러므로 아브람의 가축의 목자와 롯의 가축의 목자가 서로 다투고 또 가나안 사람과 브리스 사람도 그 땅에 거주하였는지라 8 아브람이 롯에게 이르되 우리는 한 친족이라 나나 너나 내 목자나 네 목자나 서로 다투게 하지 말자 9 네 앞에 온 땅이 있지 아니하냐 나를 떠나가라 네가 좌하면 나는 우하고 네가 우하면 나는 좌하리라 10 이에 롯이 눈을 들어 요단 지역을 바라본즉 소알까지 온 땅에 물이 넉넉하니 여호와께서 소돔과 고모라를 멸하시기 전이었으므로 여호와의 동산 같고 애굽 땅과 같았더라 11 그러므로 롯이 요단 온 지역을 택하고 동으로 옮기니 그들이 서로 떠난지라 12 아브람은 가나안 땅에 거주하였고 롯은 그 지역의 도시들에 머무르며 그 장막을 옮겨 소돔까지 이르렀더라 13 소돔 사람은 여호와 앞에 악하며 큰 죄인이었더라 14 롯이 아브람을 떠난 후에 여호와께서 아브람에게 이르시되 너는 눈을 들어 너 있는 곳에서 북쪽과 남쪽 그리고 동쪽과 서쪽을 바라보라 15 보이는 땅을 내가 너와 네 자손에게 주리니 영원히 이르리라 16 내가 네 자손이 땅의 티끌 같게 하리니 사람이 땅의 티끌을 능히 셀 수 있을진대 네 자손도 세리라 17 너는 일어나 그 땅을 종과 횡으로 두루 다녀 보라 내가 그것을 네게 주리라 18 이에 아브람이 장막을 옮겨 헤브론에 있는 마므레 상수리 수풀에 이르러 거주하며 거기서 여호와를 위하여 제단을 쌓았더라

Ⅴ. 관찰문제의 바른 답

말씀 돋보기 - 관찰

1 아브람은 벧엘과 아이 사이 곧 전에 장막을 쳤던 곳에서 무엇을 했는가?(13:4)

여호와의 이름을 불렀다.

Tip 아브람은 전에 자신이 벧엘과 아이 사이에 세운 제단으로 돌아와 여호와의 이름을 불렀다. 아브람이 영적, 육적으로 신앙의 첫 걸음을 뗀 곳으로 돌아와

새출발을 하고 있음을 묘사하고 있다. 그가 이곳에 도착해 여호와의 이름을 부른 것은 전에 체험했던 하나님과의 관계를 회복하기 위해서이다.

2 아브람이 롯과 함께 동거할 수 없는 이유는 무엇인가?(13:6, 7)

아브람과 롯이 거느린 종과 짐승들이 많은 데 비해 땅이 넉넉하지 않아 종들 사이에 다툼이 일어나서

Tip

아브람과 롯이 거느린 종과 짐승들이 많은 데 비해 땅이 넉넉하지 않아 종들 사이에 다툼이 일어났다. 아브람은 아버지 데라와 함께 갈대아 우르를 출발할 때부터 롯과 같이 했으나 두 집안의 가축이 불어남에 따라 땅이 비좁게 느껴졌고 이것이 원인이 되어 종들 사이에 불화가 있었던 것이다.

3 아브람이 내놓은 해결책과 롯이 선택한 지역은 어디인가?(13:9-12)

해결책: 아브람은 롯에게 먼저 선택권을 주며 롯이 어느 쪽을 택하든지 자기는 롯이 택한 반대 방향을 선택하겠다고 함

롯의 선택: 비옥한 요단 지역

Tip

해결책 : 아브람은 롯에게 먼저 선택권을 준다. 그들 앞에 펼쳐진 땅이 많으니 롯이 어느 쪽을 택하든지 자기는 롯이 택한 반대 방향으로 가겠다는 것이다. 사실 그들 앞에 펼쳐진 땅에는 가나안 사람들이 살고 있어서 실제로 그들이 선택할 수 있는 땅은 그리 넓지 않았다.

롯의 선택 : 아브람의 제안에 따라 롯은 요단 들판이 펼쳐져 있는 요단 동쪽을 택했다. 롯이 바라본 땅은 비옥했기에, 많은 가축을 거느린 롯의 관심이 쏠리는 것은 당연한 일이었다.

〈롯과 하와의 선택 기준〉

	롯	하와
선택	소돔 땅	선악과
선택 기준	"**바라본즉**…여호와의 동산같고 애굽 땅과 같았더라"(13:10)	"**본즉**…먹음직도 하고 보암직도 하고"(3:6)
선택 중 무시	하나님의 약속의 땅	하나님의 약속
선택의 결과	소돔의 심판	불순종의 심판

4 롯이 떠난 후 여호와 하나님께서 아브람에게 재확인해 주신 것은 무엇인가?(13:14-17)

아브람이 있는 곳의 북쪽과 남쪽 그리고 동쪽과 서쪽, 눈에 보이는 땅을 주시겠다는 약속

Tip 하나님께서 아브람에게 주변을 둘러보라고 하신다. 아브람이 롯에게 넘겨줄 뻔했던 땅이 아브람과 후손들의 것임을 재차 확인하시는 것이다. "북쪽과 남쪽 그리고 동쪽과 서쪽을 바라보라"(14절)는 말씀은 법적으로 땅의 소유권을 넘겨 줄 때의 풍습을 근거로 하고 있다. 또한 하나님께서는 아브람의 자손들을 "땅의 티끌 같게" 하겠다고 말씀하신다(16절). 이 두 약속 곧 땅과 자손에 대한 약속이 그대로 이루어질 것을 보장하는 의미에서 아브람에게 그가 본 땅을 동서남북 걸어다녀 보라고 하셨다(17절). 땅을 밟는 행위는 소유권과 통치권을 확인하는 예식이다. 고대근동의 문헌들을 보면 이러한 예가 허다하다.

5 아브람이 장막을 옮긴 지역은 어디이며, 그곳에서 행한 일은 무엇인가?(13:18)

헤브론에 있는 마므레 상수리 수풀, 여호와를 위하여 제단을 쌓음

Tip 약속을 받은 아브람은 헤브론에 내려가 그곳에 살면서 하나님께 제단을 쌓았다. 하나님께서 새롭게 확인해 주신 약속에 대한 감사의 제단이다.

Ⅵ. 적용과 나눔

삶의 내비게이션 - 적용

1 아브람과 롯은 많은 재산으로 인해 종들이 다투므로 헤어지게 된다. 사람들은 돈이 없어서 다투기도 하고, 돈이 너무 많아서 싸우기도 한다. 당신이 과거에 돈 때문에 싸운 경험은 무엇이었는가?

관찰문제 2번 참조. 아브람과 롯은 거느린 종과 짐승이 많은 반면 땅은 비좁아서 서로 헤어지게 된다. 우리 주위에도 재산이나 상속 문제로 종종 가족이나 친족이 다투는 것을 보게 된다. 반면에 너무 어려운 세상을 살아가다 보니 돈이 없어서 부부가 다투게 되고 아브람과 롯처럼 헤어지게 되는 경우도 있을 것이다.

인도자는 너무 심각하지 않는 범위 안에서 돈 문제로 다툰 경험이나, 마음이 아팠던 일들을 서로 이야기하도록 돕는다.

2 아브람은 아버지인 데라와 분리되었고, 이제 친척인 롯과도 분리되고 구별되었다. 우리는 창세기를 통해 모든 것이 때가 되면 분리되고 구별되는 것을 알 수 있다. 선택받은 자로서 당신의 삶에서 분리되고 구별되어야 하는 것은 무엇인가?

관찰문제 4번 참조. 창세기는 계속해서 분리와 구별을 강조한다. 분리와 구별은 선택받은 사람들이 경험하고 행해야 하는 당연한 일일 것이다. 술자리, 음란물, 인터넷, 게임 등에서 구별과 분리되는 것도 있지만, 하나님께 드리기 위해서 시간, 물질, 재능 등도 분리하고 구별할 수 있어야 한다.
각자의 삶에서 분리되고 구별되어야 하는 것은 무엇인지 말해 보도록 한다.

3 아브라함은 가는 곳마다 제단을 쌓아 아름다운 흔적을 남겼다. 사람은 자신이 지나간 곳에 흔적을 남기기 마련이다. 당신의 삶에서 예수의 흔적을 남긴 것은 무엇인가?

관찰문제 5번 참조. 아브라함은 가는 곳마다 하나님께 감사의 제단을 쌓았다. 아브라함이 제단을 쌓은 헤브론은 후에 아브라함과 사라, 이삭과 리브가, 야곱과 레아가 묻힌 장소가 되고, 이스라엘 정치에서도 중요한 위치를 차지하게 된다. 이렇듯 사람이 남긴 흔적은 짧게는 이웃에게 길게는 후손에게까지 영향을 미친다. 회사를 이직할 때도 이전 회사에 그 사람에 대해 묻기도 하고, 임원 스카우트에서도 가족이나 주변인들에게 비밀 인터뷰로 당사자의 평소 생활을 확인하기도 한다. 사람의 흔적은 다양한 곳에 남고 사용된다.
각자 어떤 흔적을 남기고 사는지, 또한 흔적에 대한 추적을 경험한 적은 없는지 이야기를 나누어 본다. 그리고 중요한 것은, 삶에서 예수의 흔적을 가지고 있는지 말해 보도록 하고 어떤 흔적을 남기기를 원하는지 이야기 해 보도록 한다.

Ⅶ. 마무리

- 기도로 마무리한다.
- 제3주 관찰문제를 예습해 오도록 한다.
- 실천 과제를 제시한다.

생활의 아로마 - 실천

예 1) 현재 상황에서 매력적이지만 일시적인 세상의 부귀영화와, 보이진 않지만 영구적인 하나님의 축복을 구별해 보도록 한다.

2) 좀 더 애써서 실천할 수 있고 남기고 싶은 예수의 흔적을 한 가지 적어 보고 실행에 옮겨본다.

정 때문에…

창세기 14:1-24

학습목표

1. 의인의 의협심은 주변 사람들을 구원으로 이끈다는 사실을 알 수 있다.
2. 선택해야 하는 순간에 하나님의 것과 세상의 것을 구분할 수 있다.

KEYWORD 의협심, 멜기세덱

Ⅰ. 찬양과 기도

Ⅱ. 지난주 실천 과제 나눔

Ⅲ. 복습문제 풀이

복습

1 아브람이 롯과 함께 동거할 수 없었던 이유는 무엇인가? (13:6, 7)

아브람과 롯이 거느린 종과 짐승들이 많은 데 비해 땅이 넉넉하지 않아 종들 사이에 다툼이 일어나서

Ⅳ. 말씀 창세기 14:1-24을 다함께 읽는다

14:1 당시에 시날 왕 아므라벨과 엘라살 왕 아리옥과 엘람 왕 그돌라오멜과 고임 왕 디
달이 2 소돔 왕 베라와 고모라 왕 비르사와 아드마 왕 시납과 스보임 왕 세메벨과 벨
라 곧 소알 왕과 싸우니라 3 이들이 다 싯딤 골짜기 곧 지금의 염해에 모였더라 4 이들
이 십이 년 동안 그돌라오멜을 섬기다가 제십삼년에 배반한지라 5 제십사년에 그돌라
오멜과 그와 함께 한 왕들이 나와서 아스드롯 가르나임에서 르바 족속을, 함에서 수
스 족속을, 사웨 기랴다임에서 엠 족속을 치고 6 호리 족속을 그 산 세일에서 쳐서 광
야 근방 엘바란까지 이르렀으며 7 그들이 돌이켜 엔미스밧 곧 가데스에 이르러 아말
렉 족속의 온 땅과 하사손다말에 사는 아모리 족속을 친지라 8 소돔 왕과 고모라 왕과
아드마 왕과 스보임 왕과 벨라 곧 소알 왕이 나와서 싯딤 골짜기에서 그들과 전쟁을
하기 위하여 진을 쳤더니 9 엘람 왕 그돌라오멜과 고임 왕 디달과 시날 왕 아므라벨과
엘라살 왕 아리옥 네 왕이 곧 그 다섯 왕과 맞서니라 10 싯딤 골짜기에는 역청 구덩이
가 많은지라 소돔 왕과 고모라 왕이 달아날 때에 그들이 거기 빠지고 그 나머지는 산
으로 도망하매 11 네 왕이 소돔과 고모라의 모든 재물과 양식을 빼앗아 가고 12 소돔
에 거주하는 아브람의 조카 롯도 사로잡고 그 재물까지 노략하여 갔더라 13 도망한 자
가 와서 히브리 사람 아브람에게 알리니 그 때에 아브람이 아모리 족속 마므레의 상수
리 수풀 근처에 거주하였더라 마므레는 에스골의 형제요 또 아넬의 형제라 이들은 아
브람과 동맹한 사람들이더라 14 아브람이 그의 조카가 사로잡혔음을 듣고 집에서 길
리고 훈련된 자 삼백십팔 명을 거느리고 단까지 쫓아가서 15 그와 그의 가신들이 나뉘
어 밤에 그들을 쳐부수고 다메섹 왼편 호바까지 쫓아가 16 모든 빼앗겼던 재물과 자기
의 조카 롯과 그의 재물과 또 부녀와 친척을 다 찾아왔더라 17 아브람이 그돌라오멜
과 그와 함께 한 왕들을 쳐부수고 돌아올 때에 소돔 왕이 사웨 골짜기 곧 왕의 골짜기
로 나와 그를 영접하였고 18 살렘 왕 멜기세덱이 떡과 포도주를 가지고 나왔으니 그는
지극히 높으신 하나님의 제사장이었더라 19 그가 아브람에게 축복하여 이르되 천지의
주재이시요 지극히 높으신 하나님이여 아브람에게 복을 주옵소서 20 너희 대적을 네
손에 붙이신 지극히 높으신 하나님을 찬송할지로다 하매 아브람이 그 얻은 것에서 십
분의 일을 멜기세덱에게 주었더라 21 소돔 왕이 아브람에게 이르되 사람은 내게 보내
고 물품은 네가 가지라 22 아브람이 소돔 왕에게 이르되 천지의 주재이시요 지극히 높
으신 하나님 여호와께 내가 손을 들어 맹세하노니 23 네 말이 내가 아브람으로 치부
하게 하였다 할까 하여 네게 속한 것은 실 한 오라기나 들메끈 한 가닥도 내가 가지지
아니하리라 24 오직 젊은이들이 먹은 것과 나와 동행한 아넬과 에스골과 마므레의 분
깃을 제할지니 그들이 그 분깃을 가질 것이니라

V. 관찰문제의 바른 답

말씀 돋보기 관찰

1 롯이 살던 소돔이 전쟁에 휘말렸다. 전쟁의 결과는 어떠했는가? (14:10-12)

재물과 양식을 빼앗기고 롯을 포함한 주민들이 인질로 잡혀감

Tip

반역을 일으켰던 서쪽 왕 다섯 명이 싯딤 벌판에 모여 동쪽 왕들과 전쟁을 했지만 오합지졸과 정예군의 싸움처럼 쉽게 결판이 났다. 서쪽 왕들은 크게 패해 도망쳤다. 이 벌판 곳곳에 있던 역청 수렁이 서쪽 왕들과 군인들에게 부정적으로 작용했던 것으로 보아 그돌라오멜이 사용한 전술은 지형적인 요소들을 충분이 활용한 것으로 보인다. 승리한 동쪽 왕들은 소돔과 고모라에 들어가 약탈을 감행했다. 재물과 먹을 것만 빼앗는 것이 아니라 주민들까지 인질로 잡아갔다. 그 인질 중에 아브람의 조카 롯이 있었다.

2 조카 롯의 소식을 들은 아브람은 어떻게 행동했는가?(14:14-16)

아브람은 훈련된 자 318명을 거느리고 단까지 쫓아가 모든 빼앗겼던 재물과 조카 롯, 부녀와 친척을 다 찾아왔다.

Tip

아브람은 조카 롯의 소식을 듣고, 마므레, 에스골, 아넬 세 형제와 동맹을 맺고 318명의 종들을 동원하여 롯을 잡아간 군대를 뒤따랐다. 아브람이 적을 만난 곳은 단이었다. 아브람은 밤새 적들을 공격해 모두 물리쳤다. 하나님께서 그와 함께하셔서 기적적인 승리를 맛보게 된 것이다. 그는 동쪽 왕들이 빼앗아 갔던 조카 롯을 포함한 모든 것을 다시 찾아 돌아올 수 있었다.

- **아브람이 동원한 318명의 의미**

1) 세부적인 사실을 제시함으로 이 사건이 실제로 있었던 역사적 사건이라는 사실을 역설

2) 동쪽에서 온 연합군에 비해 형편없이 작은 아브람의 군대가 승리할 수 있었던 것은 하나님께서 그와 함께 하셨기 때문이다.

3 아브람이 돌아오는 길에 만난 두 왕은 누구인가?(14:18, 21)

살렘 왕 멜기세덱, 소돔 왕

Tip 아브람은 돌아오는 길에 멜기세덱과 소돔 왕을 만났다. 이 두 왕을 대하는 아브람의 태도는 매우 대조적이다. 아브람은 멜기세덱은 매우 반갑게 대하지만 소돔 왕은 냉대했다. 멜기세덱은 살렘의 왕이었다. 그의 이름을 풀이하면 '의로운 왕'이라는 뜻이다. '살렘'은 확실하지는 않지만 예루살렘을 가리키는 것으로 이해된다. 또한 살렘은 '샬롬'과 같은 말로서 그가 '살렘의 왕'이라고 하는 것은 '평화의 왕'이라는 의미이다. 신약에서는 예수님을 제2의 멜기세덱으로 표현한다.

● **히브리서에서의 멜기세덱**

1) 평화의 왕
2) 지극히 높으신 하나님의 제사장
3) 아브람에게 복을 빈 자
4) 의의 왕

4 살렘 왕 멜기세덱은 누구이며, 아브람은 그를 어떻게 대했는가? (14:18-20)

지극히 높으신 하나님의 제사장, 십일조를 주었다.

Tip 멜기세덱은 지극히 높으신 하나님의 제사장으로 소개된다. 멜기세덱이 여호와의 제사장으로 소개되는 것으로 보아 아브람 시대에 그의 가족 외에도 여호와를 섬기는 제사장이 있었음을 알 수 있다. 제사장이 있었다면 여호와를 섬기는 신도들도 있었을 것이다. 이 시대의 사람으로 하나님을 섬겼던 대표적인 인물이 욥이다.

멜기세덱은 아브람에게 떡과 포도주를 주었으며, 신성한 복도 빌어 주었다. 이에 아브람은 멜기세덱에게 십일조를 바친다. 아브람은 시내 산 언약에서 구체화되는 십일조 생활을 이미 하고 있는 것이다.

5 아브람은 소돔 왕의 제안을 어떻게 거절하는가?(14:23)

실오라기 하나, 신발끈 한 가닥도 가지지 않겠다고 거절

Tip 아브람은 소돔 왕에게 속한 것은 실오라기 하나, 신발 끈 하나라도 갖지 않겠다고 거절한다. 아브람이 돌아오는 길에 만난 두 번째 왕은 소돔 왕이었다. 멜기세덱이 하늘의 신성한 복을 빌어 주었다면, 소돔 왕은 아브람에게 '세상의 복'을 주고 있다. 그러나 아브람은 단호히 거절한다. 소돔 왕에게 속한 것은 티끌 하나 받지 않겠다는 의미이다.

- **아브람 거절의 네 가지 의미**

1) 아브람은 이 세상의 복을 추구하지 않는 사람이다.
2) 아브람은 하나님이 존귀하게 해 주실 때를 사모한다.
3) 소돔 왕이 아브람에게 주고자 한 재물은 억울한 자들의 눈물과 피로 얼룩진 가증한 물건들이었다.
4) 소돔의 모든 사람들과 짐승들은 곧 멸망하게 된다.

VI. 적용과 나눔

삶의 내비게이션 - 적용

1 아브람은 율법이 구체화되기 전에 이미 멜기세덱에게 십일조를 드리고 있다. 당신의 신앙생활에서 법적인 요구가 없더라도 지키고 있는 기본적인 규범에는 무엇이 있었는가?

관찰문제 4번 참조. 십계명을 잘 몰라도 기본적으로 부모를 공경하고, 거짓말을 하지 않고, 도둑질을 하지 않는다. 살인이나 간음도 하지 않는다. 이렇듯 우리 일상 생활에서도 아브람처럼 법적인 제재가 없더라도 이미 실천하고 있는 기본적인 규범들이 있다. 그것이 금연이나 금주일 수도 있고, 십계명 중 하나일 수도 있다.

각자 신앙 생활 초기, 또는 말씀을 잘 모르는 때에도 잘 지켰던 기본적인 규범이 있었다면 무엇이었는지 이야기를 나누어 보도록 한다.

2 아브람은 롯뿐만 아니라 전쟁에 의해 끌려갔던 모든 자들에게 해방과 자유의 축복을 안겨주는 복의 근원이 되고 있다. 아브람이 이들의 복의 근원이 되는 데는 죽음을 각오한 비장한 결단과 용기가 필요했다. 당신이 복의 근원으로서 분발하거나 용기를 내야 할 부분은 무엇인가?

관찰문제 2번 참조. 아브람은 하나님께서 말씀하신 '복의 근원'을 몸으로 실천하고 있다.

인도자는 참가자 한 사람 한 사람이 하나님의 복의 근원이라는 사실을 얘기하고, 복의 근원으로 분발하거나 용기를 내야 하는 부분은 무엇인가 이야기 나누도록 한다.

개인적인 절제일 수도 있고, 타인을 향한 친절과 온유일 수도 있다. 또는 공동체에서 감당하는 역할이 될 수도 있다.

3 만일 당신이 아브람처럼 신령한 복을 빌어 주는 왕과 세상의 복을 주는 왕을 만난다면 당신은 어느 쪽을 선택하겠는가?

관찰문제 3번 참조. 신령한 복은 별 볼 일 없어 보이고, 세상이 주는 복은 매력적인 부귀영화로 느껴진다. 물질만능 사회에서 세상이 주는 매력적인 부귀영화를 거절하는 일은 참으로 어려운 일이다.

각자 어떤 복을 선택할 것인가 말해 보도록 한다. 인도자는 세상의 복을 선택하는 것이 무조건 나쁘다고 말해서는 안 된다. 개인의 선택을 존중하고, 아브람의 선택에 비추어 왜 그런 선택을 하게 되었는지 이야기 나누도록 돕는다.

Ⅶ. 마무리

- 기도로 마무리한다.
- 제4주 관찰문제를 예습해 오도록 한다.
- 실천 과제를 제시한다.

생활의 아로마 - 실천

예 1) 일주일 동안 선택해야 하는 순간에 하나님의 편에서 생각하고 선택하도록 한다.
2) 분발하고 용기를 내야 할 개인적인 문제들을 실천하도록 한다.

최초의 언약식

창세기 15:1-21

학습목표

1. 아브람의 방패와 상급이 되어 주신 하나님께서 당신의 방패와 상급이 되어 주신다는 사실을 알 수 있다.
2. 약속하시는 하나님의 일방적인 사랑과 은혜를 경험할 수 있다.

KEYWORD 언약 체결, 방패, 상급

Ⅰ. 찬양과 기도

Ⅱ. 지난주 실천 과제 나눔

Ⅲ. 복습문제 풀이

복습

1 아브람이 돌아오는 길에 만난 두 왕은 누구이며, 그들에게 어떻게 했는가?(14:18, 21)

살렘 왕 멜기세덱, 소돔 왕

살렘 왕 멜기세덱에게는 십일조를 주었다.

소돔 왕의 제안에는 실오라기 하나, 신발끈 한 가닥도 가지지 않겠다고 거절했다.

Ⅳ. 말씀 창세기 15:1-21을 다함께 읽는다

15:1 이 후에 여호와의 말씀이 환상 중에 아브람에게 임하여 이르시되 아브람아 두려
워하지 말라 나는 네 방패요 너의 지극히 큰 상급이니라 2 아브람이 이르되 주 여호와
여 무엇을 내게 주시려 하나이까 나는 자식이 없사오니 나의 상속자는 이 다메섹 사람
엘리에셀이니이다 3 아브람이 또 이르되 주께서 내게 씨를 주지 아니하셨으니 내 집
에서 길린 자가 내 상속자가 될 것이니이다 4 여호와의 말씀이 그에게 임하여 이르시
되 그 사람이 네 상속자가 아니라 네 몸에서 날 자가 네 상속자가 되리라 하시고 5 그
를 이끌고 밖으로 나가 이르시되 하늘을 우러러 뭇별을 셀 수 있나 보라 또 그에게 이
르시되 네 자손이 이와 같으리라 6 아브람이 여호와를 믿으니 여호와께서 이를 그의
의로 여기시고 7 또 그에게 이르시되 나는 이 땅을 네게 주어 소유를 삼게 하려고 너
를 갈대아인의 우르에서 이끌어 낸 여호와니라 8 그가 이르되 주 여호와여 내가 이 땅
을 소유로 받을 것을 무엇으로 알리이까 9 여호와께서 그에게 이르시되 나를 위하여
삼 년 된 암소와 삼 년 된 암염소와 삼 년 된 숫양과 산비둘기와 집비둘기 새끼를 가
져올지니라 10 아브람이 그 모든 것을 가져다가 그 중간을 쪼개고 그 쪼갠 것을 마주
대하여 놓고 그 새는 쪼개지 아니하였으며 11 솔개가 그 사체 위에 내릴 때에는 아브
람이 쫓았더라 12 해 질 때에 아브람에게 깊은 잠이 임하고 큰 흑암과 두려움이 그에
게 임하였더니 13 여호와께서 아브람에게 이르시되 너는 반드시 알라 네 자손이 이방
에서 객이 되어 그들을 섬기겠고 그들은 사백 년 동안 네 자손을 괴롭히리니 14 그들
이 섬기는 나라를 내가 징벌할지며 그 후에 네 자손이 큰 재물을 이끌고 나오리라 15
너는 장수하다가 평안히 조상에게로 돌아가 장사될 것이요 16 네 자손은 사대 만에 이
땅으로 돌아오리니 이는 아모리 족속의 죄악이 아직 가득 차지 아니함이니라 하시더
니 17 해가 져서 어두울 때에 연기 나는 화로가 보이며 타는 횃불이 쪼갠 고기 사이로
지나더라 18 그 날에 여호와께서 아브람과 더불어 언약을 세워 이르시되 내가 이 땅을
애굽 강에서부터 그 큰 강 유브라데까지 네 자손에게 주노니 19 곧 겐 족속과 그니스
족속과 갓몬 족속과 20 헷 족속과 브리스 족속과 르바 족속과 21 아모리 족속과 가나
안 족속과 기르가스 족속과 여부스 족속의 땅이니라 하셨더라

V. 관찰문제의 바른 답

말씀 돋보기 - 관찰

1 아브람의 환상 중에 임한 하나님의 말씀은 무엇이며, 이에 아브람은 무엇이라고 질문하는가?(15:1-2)

하나님의 말씀: 두려워하지 말라, 나는 네 방패요, 지극히 큰 상급이다.

아브람의 질문: 무엇을 주시려 합니까?

Tip

하나님의 말씀 :

- 두려워 말라 – 선지자가 전쟁으로 떠나는 왕에게 주는 위로와 격려의 말 (신앙 생활을 전쟁에 임하는 일에 비유)
  14장에서 물리친 왕들의 보복을 걱정하지 말 것
- 너의 방패 – 군사적 용어, 하나님은 아브람의 보호막
- 큰 상급 – 노동의 대가만이 아닌 전쟁에서 돌아온 병사에게 내리는 보상

아브람의 질문 :

아브람은 무엇을 주실 것인지 물으며, 자신의 처지를 자식이 없다고 표현한다. 자식이 없다는 것은 고대근동 정시에서 가장 큰 비극이자 수치였고 신의 심판으로 여겨지기도 했다.

2 하나님은 아브람의 믿음을 어떻게 여기셨는가?(15:6)

그의 의로 여기셨다.

Tip

아브람이 믿으니 하나님께서 의로 여기셨다. 하나님께서 자손의 축복을 약속하셨지만 10여 년이 지나도록 성취되지 않았고, 땅에 대한 약속도 아직은 현실로 드러나지 않은 상황에서 아브람은 방랑생활을 하며 늙어 가고 있었다. 그러므로 여기서 아브람이 믿었다는 것은 한순간의 일이 아니라 지속적으로 하나님을 신뢰해 왔음을 의미한다.

3 증표를 요구하는 아브람에게 하나님께서 준비하라고 명령하신 것은 무엇인가?(15:9)

3년 된 암소 한 마리, 3년 된 암염소 한 마리, 3년 된 숫양 한 마리, 산비둘기 한 마리, 집비둘기 한 마리

Tip

하나님은 증표를 요구하는 아브람에게 짐승들을 준비해 오라고 하셨다. 아브람이 준비해야 할 짐승은 3년 된 암소 한 마리, 3년 된 암염소 한 마리, 3년 된 숫양 한 마리, 산비둘기 한 마리, 집비둘기 한 마리 등 총 다섯 마리였다. 이는 전형적인 언약 체결식 서론이다. 제단이 없고, 피를 뿌리는 행위도 언급되지 않는 것으로 보아 이 짐승들은 제사의 제물이 아니었고, 아브람은 제사나 번제를 드린 것이 아님을 알 수 있다(출 24:8 참고).

4 하나님께서 아브람의 꿈을 통해 계시하시는 것은 무엇이며, 그 이유는 무엇인가?(15:13-16)

아브람의 후손이 400년 동안 남의 나라에서 종살이를 한 후에 땅을 받게 될 것
그 이유는 가나안 사람들의 죄가 아직 차지 않았기 때문

Tip

하나님께서는 아브람의 꿈을 통해 아브람의 후손은 이 땅을 받게 될 것이지만, 그의 자손이 400년 동안 남의 나라에서 종살이를 한 후에 받게 될 것을 계시하신다. 그 이유는 가나안 사람들의 죄가 아직 차지 않았기 때문이다. 하나님의 공의와 공평이 드러나는 순간이다. 하나님은 한 민족의 부귀영화를 위해 다른 민족을 이유 없이 심판하고 파괴하시는 분이 아니다. 오히려 모든 민족에게 공평한 기회를 주시는 통치자이다.

5 아브람과 하나님의 언약 체결식은 어떻게 진행되었는가?(15:17)

아브람이 쪼개서 준비해 놓은 짐승들 사이를 하나님의 횃불이 지나감

Tip

언약 체결식

1) 짐승들을 준비
2) 짐승을 반으로 쪼개 두 줄로 나열
3) 기다림
4) 하나님의 횃불이 지나감

아브람은 짐승들 사이를 지나가지 않았다. 이 사실은 하나님과 백성 사이에 맺어진 언약은 일방적이고 은혜로운 계약임을 의미한다. 그러므로 이 언약 체결식은 하나님의 일방적인 은총의 언약을 암시한다.

삶이 내비게이션 적용

1 하나님께서는 아브람에게 방패가 되어 주시겠다고 말씀하신다. 사람은 누구나 자신이 생각하는 방패가 있다. 당신이 과거에 경험한 것 중 가장 믿을 만한 방패는 무엇인가?

관찰문제 1번 참조. 하나님께서 아브람의 방패와 상급이 되어 주셨다. 아브람에게 이것은 안심의 근거가 되었으며, 충분한 보상이 되었을 것이다. 사람은 각자 생각하는 방패가 있을 것이다. 돈, 능력, 학력, 배우자, 집안 등 기댈만한 언덕을 다양하게 가지고 있을 것이다.
각자에게 가장 믿을 만한 방패는 무엇이었는지 말해 보도록 한다. 그리고 진짜 방패는 무엇인지 아브람의 경우에 비추어 이야기 나누어 보도록 한다.

2 하나님께서는 아직 때가 차지 않아서 가나안 사람들의 심판을 보류하신다. 당신이 하나님의 때를 기다리고 있다면 그것은 무엇인가?

관찰문제 4번 참조. 하나님께서 가나안 사람들의 때가 차지 않아서 심판을 보류하시는 것은, 그분이 한 민족의 부귀 영화를 위해 다른 민족에게 이유 없는 심판과 파괴를 행하시는 분이 아니라는 사실을 잘 보여 준다. 그러므로 '때가 차매' 예수님이 이 땅에 오실 수 있었다(갈 4:4).
각자 하나님의 때를 기다리는 것은 무엇인지 말해 보도록 한다. 진학, 결혼, 취직, 이사, 승진 등 다양한 주제로 서로 이야기 나누어 보도록 한다. 또한 인도자는 시간이 가능하다면 중보기도하는 시간을 가져도 좋다.

3 신실하신 하나님께서는 하나님의 명예를 걸고 약속을 이루실 것을 다짐하신다. 약속을 지키시는 하나님의 성품을 닮은 우리도 많은 약속을 하면서 살아간다. 그 중 당신이 소홀히 하는 약속은 무엇인가?

관찰문제 5번 참조. 고대근동의 계약은 짐승을 반으로 쪼개 놓고 계약자 쌍방이 두 줄 사이를 지나가는 것으로 체결되었다. 이것은 '만일 체결된 계약 조항을 어기면 이 죽은 짐승에게 행한 대로 나에게도 행하라' 라는 상징적인 의미가 있다. 하나님과 아브람의 언약 체결식에서는 하나님만 짐승 사이를 지나가심으로, 하나님께서 약속을 지키겠다는 강한 의지를 표현하시는 것으로 볼 수 있다. 이렇게 하나님은 인간과의 약속을 지키시는 분이시다. 그분의 성품을 닮은 우리도 약속을 지켜야 한다. 하나님,

인간, 그리고 창조물과의 약속을 지켜야 한다.
자신이 소홀히 했던 약속에 대해 이야기를 나누어 보자. 혹 하나님과의 약속을 잊은 것은 없는지, 부부간의 약속, 자녀와의 약속에서 지키지 못한 부분은 없는지 이야기 해 보도록 한다. 그리고 하나님의 성품을 닮기 위해 실천해야 하는 것에 대해서도 이야기 나누어 본다.

Ⅶ. 마무리

- 기도로 마무리한다.
- 제5주 관찰문제를 예습해 오도록 한다.
- 실천 과제를 제시한다.

생활의 아로마 - 실천

예 1) 약속을 실천하도록 한다.
 – 약속 대상과 내용을 구체적으로 적고 지키기
2) 일주일 동안 방패가 되어 주신 하나님을 기억하며 감사하도록 한다.

고통 속에 피어난 축복

창세기 16:1-16

학습목표

1. 하나님은 개인적인 신음에도 응답하시는 분이심을 알 수 있다.
2. 하나님의 약속을 믿고 견디면 그 약속은 반드시 실현되는 것을 알 수 있다.

KEYWORD 고통, 이스마엘(하나님께서 들으심), 약속

Ⅰ. 찬양과 기도

Ⅱ. 지난주 실천 과제 나눔

Ⅲ. 복습문제 풀이

복습

1 하나님은 아브람의 믿음을 어떻게 여기셨는가?(15:6)

그의 의로 여기셨다.

2 아브람과 하나님의 언약 체결식은 어떻게 진행되었는가?(15:17)

아브람이 쪼개서 준비해 놓은 짐승들 사이를 하나님의 횃불이 지나감

Ⅳ. 말씀 창세기 16:1-16을 다함께 읽는다

16:1 아브람의 아내 사래는 출산하지 못하였고 그에게 한 여종이 있으니 애굽 사람이
요 이름은 하갈이라 2 사래가 아브람에게 이르되 여호와께서 내 출산을 허락하지 아
니하셨으니 원하건대 내 여종에게 들어가라 내가 혹 그로 말미암아 자녀를 얻을까 하
노라 하매 아브람이 사래의 말을 들으니라 3 아브람의 아내 사래가 그 여종 애굽 사람
하갈을 데려다가 그 남편 아브람에게 첩으로 준 때는 아브람이 가나안 땅에 거주한 지
십 년 후였더라 4 아브람이 하갈과 동침하였더니 하갈이 임신하매 그가 자기의 임신
함을 알고 그의 여주인을 멸시한지라 5 사래가 아브람에게 이르되 내가 받는 모욕은
당신이 받아야 옳도다 내가 나의 여종을 당신의 품에 두었거늘 그가 자기의 임신함을
알고 나를 멸시하니 당신과 나 사이에 여호와께서 판단하시기를 원하노라 6 아브람이
사래에게 이르되 당신의 여종은 당신의 수중에 있으니 당신의 눈에 좋을 대로 그에게
행하라 하매 사래가 하갈을 학대하였더니 하갈이 사래 앞에서 도망하였더라 7 여호와
의 사자가 광야의 샘물 곁 곧 술 길 샘 곁에서 그를 만나 8 이르되 사래의 여종 하갈아
네가 어디서 왔으며 어디로 가느냐 그가 이르되 나는 내 여주인 사래를 피하여 도망
하나이다 9 여호와의 사자가 그에게 이르되 네 여주인에게로 돌아가서 그 수하에 복
종하라 10 여호와의 사자가 또 그에게 이르되 내가 네 씨를 크게 번성하여 그 수가 많
아 셀 수 없게 하리라 11 여호와의 사자가 또 그에게 이르되 네가 임신하였은즉 아들
을 낳으리니 그 이름을 이스마엘이라 하라 이는 여호와께서 네 고통을 들으셨음이니
라 12 그가 사람 중에 들나귀 같이 되리니 그의 손이 모든 사람을 치겠고 모든 사람의
손이 그를 칠지며 그가 모든 형제와 대항해서 살리라 하니라 13 하갈이 자기에게 이르
신 여호와의 이름을 나를 살피시는 하나님이라 하였으니 이는 내가 어떻게 여기서 나
를 살피시는 하나님을 뵈었는고 함이라 14 이러므로 그 샘을 브엘라해로이라 불렀으
며 그것은 가데스와 베렛 사이에 있더라 15 하갈이 아브람의 아들을 낳으매 아브람이
하갈이 낳은 그 아들을 이름하여 이스마엘이라 하였더라 16 하갈이 아브람에게 이스
마엘을 낳았을 때에 아브람이 팔십육 세였더라

V. 관찰문제의 바른 답

말씀 돋보기 - 관찰

1 아브람의 아내 사래가 출산하지 못하므로 사래가 아브람에게 한 제안은 무엇인가?(16:2)

사래는 아브람이 자신의 여종 하갈과 동침하게 하여 자녀를 얻고자 했다.

Tip

사래는 자녀를 얻고자 아브람이 자신의 여종 하갈과 동침하게 했다. 이 사래는 제2의 '하와'이다. 사래의 행동 역시 부정적으로 인식되고 있다. 하와가 '하나님과 같아지려고' 죄를 지었던 것처럼, 사래는 '하나님의 말씀을 스스로 이루려고' 일을 꾸몄다.

〈사래와 하와〉

사래		하와	
16:2a	그녀(사래)가 말했다	3:2	여자가 말하기를
16:2b	아브람이 사래의 말을 들었다	3:17	네가 여자의 말을 들었으니
16:3a	사래가 … 취했다	3:6a	그녀가 … 취했다
16:3b	그녀가 (하갈을) 남편에게 주었다	3:6b	그녀가 (선악과를) 남편에게 주었다

2 사래의 제안에 아브람은 어떻게 반응하고 행하였는가?(16:2, 4)

별다른 말없이 아내의 제안을 수용, 하갈과 동침했다.

Tip

아브람은 별다른 말없이 아내의 제안을 수용했다. 아브람이 사래의 제안에 따라 잠자리를 한 일은 평범한 일상으로 보일 수 있지만, 저자는 아브람이 하갈을 취한 것은 잘못된 일임을 암시한다. '아브람의 아내 사래'라는 말로 시작하여 하나님께서 주실 자손이 반드시 사래의 몸에서 나올 것이라는 힌트를 주었다.

이 사건은 창세기 3장의 사건과 비교했을 때 다음과 같은 언어적인 공통점을 지닌다.

1) 여자가 말한 것으로 시작

2) 남편들의 소극적인 자세와 역할

3) 남편들의 책임 회피

3 하갈이 임신을 하자 각자의 반응은 무엇인가?(16:4, 6)

하갈(16:4) 그의 여주인을 멸시

아브람(16:6) 하갈에 관해서는 간섭하지 않고 전적으로 사래에게 맡김

사래(16:6) 하갈을 학대

Tip

〈사래와 하갈의 차이〉

내용	아내 사래	첩 하갈
결혼 비용	결혼 지참금을 갖고 시집 옴	결혼 지참금 없음
남편 재산의 상속권	상속권 있음	상속권 없음
자녀	상속권자	여주인의 소유

● **종이나 첩이 주인을 멸시할 경우**

– 함무라비법전: 사래는 첩 하갈에게 낙인을 찍어 종으로 계수할 수는 있으나 팔아 버릴 수는 없다.

– 우르남무법: 하갈처럼 천박하게 구는 첩은 소금 1리터로 그녀의 주둥이를 문지르라.

4 사래의 학대를 견디다 못해 도망친 하갈에게 하나님의 사자가 임하여 하신 명령과 약속은 무엇인가?(16:9, 10)

명령 : 네 여주인에게 돌아가서 그에게 복종하라.

약속 : 네 자손이 번성하여 그 수를 셀 수 없게 하겠다.

Tip

여주인을 피해 가출한 하갈은 광야에서 하나님의 사자를 만났다. 하나님의 사자는 하갈에게 왔던 길로 되돌아 가 주인 사래에게 복종하면서 살라고 권면한다. 천사는 하갈의 뱃속에 있는 아이를 통해 자손을 창대하게 하겠다고 약속했다. 하갈은 여러 가지 측면에서 최초의 여인이다.

1) 성경에 기록된 여인들 중 처음으로 천사가 이름을 불러 준 여인이다.

2) 앞으로 태어날 아들에 대해 하나님의 신탁을 받은 최초의 여인이다.

5 여호와의 사자가 하갈에게 준 아들에 대한 예언은 무엇이며, 그 의미는 무엇인가?(16:11, 12)

예언: 사람 중에서 들나귀같이 되리니 그의 손이 모든 사람을 치겠고 모든 사람의

손이 그를 칠지며 그가 모든 형제와 대항해서 살 것이다.

의미: 자유로운 삶을 살지만 모든 사람들과 적대관계를 형성하여 평생 원수로 살게 될 것이다.

Tip 하갈의 아들 '이스마엘'의 이름의 의미는 '하나님께서 들으셨다'라는 뜻이다. 천사는 "사람 중에서 들나귀 같이 되리니 그의 손이 모든 사람을 치겠고 모든 사람의 손이 그를 칠지며 그가 모든 형제와 대항해서 살 것"이라고 예언했다. 이 예언은 긍정적인 면과 부정적인 면을 함께 지니고 있다. 이스마엘은 들나귀처럼 자유로운 삶을 살 것이라는 긍정적인 예언을 했다. 그러나 이스마엘의 후손들이 누리게 될 자유는 모든 사람들과 적대관계를 형성하여 평생 원수로 살게 될 것을 선언한다. 이것은 그만큼 무절제한 삶을 살게 되리라는 부정적인 암시이다.

Ⅵ. 적용과 나눔

삶의 내비게이션 - 적용

1 '이스마엘'이라는 이름은 '하나님께서 들으셨다'라는 의미로 하갈의 신음에 응답하시는 하나님을 알 수 있다. 하갈은 비록 사래의 여종이고, 아브람의 첩이지만 하나님은 세상의 눈으로는 보잘것 없는 그녀의 고통에 개인적으로 반응하신 것이다. 하나님께서 당신의 작은 신음에도 응답하신 경험이 있다면 무엇이었는가?

관찰문제 4번 참조. 우리가 생각하기에 하갈은 보잘것없는 여인이다. 사래의 여종이고, 아브람의 첩이었다. 한국 사회에서 이런 위치에 있는 사람이라면, 자신의 초라한 모습에 실망하며 자살을 결심하기 쉬울 것이다. 하갈도 그랬다. 그런데 하나님께서는 하갈의 신음에 응답하셔서 그에게 행할 것을 알려 주시고, 미래를 약속해 주신다. 인간의 눈에는 보잘것없는 여인이지만 하나님은 그녀의 개인적인 아픔까지도 아시고 만나 주셨다.

각자의 삶에서 하갈같이 정말 마음이 낮아졌을 때 만난 하나님, 그리고 응답해 주시는 하나님에 대해 서로 이야기를 나누어 보도록 한다. 인도자는 한 사람이 너무 오래 이야기하지 않도록 돕는다.

2 사래가 하갈을 남편에게 넘겨준 일은 비록 자식을 얻기 위해 한 일이

지만 하나님께서 인간에게 허락하신 결혼의 궁극적인 의미에 어긋나는 행동이다. 하나님께서는 결혼의 가장 중요한 목적을 '동반/교제'라고 하셨는데, 사래는 '번식'으로 인식하고 있다. 당신의 결혼 생활에서는 하나님의 결혼에 대한 목적이 잘 이루어지고 있는가? 만일 결혼하지 않은 경우 결혼의 목적이 잘 지켜지기 위해 필요한 것은 무엇인가?

관찰문제 1번 참조. 이혼율이 급증하는 이유에는 개인적인 차이가 있겠지만 근본적으로는 하나님의 결혼에 대한 목적을 상실했기 때문이다. 각자의 결혼 생활에서 하나님의 결혼에 대한 목적인 '동반'과 '교제'가 잘 이루어지고 있는지 이야기를 나누어 보자. 만일 결혼하지 않은 경우 결혼의 목적이 잘 지켜지기 위해 필요한 것은 무엇인지 이야기해 보도록 한다.

3 주인의 학대로 인해 도망가던 하갈은 하나님의 천사를 만나고 다시 고통의 자리로 돌아가 하나님의 약속을 믿고 인내하고 견딘다. 당신이 지금 당장 이 순간이 아니라 미래의 자녀를 위해 참고 견뎌야 하는 것은 무엇인가?

관찰문제 5번 참조. 살다 보면 도망가고 싶은 경험이 있었을 것이다. 경제적인 문제, 인간 관계의 문제, 직장 문제, 취직, 진학의 문제 등 다양한 이유로 지금 이 순간을 벗어나고 싶은 때도 있었을 것이다. 그럼에도 불구하고 미래를 위해, 비전을 위해, 자녀를 위해 참고 견디는 것이 있다면 무엇인지 서로 이야기를 나누어 보도록 한다. 그리고 인도자는 서로의 피드백을 통해 그 미래와 비전, 자녀가 있기에 각자의 삶도 풍성하다는 것을 느낄 수 있도록 돕는다.

Ⅶ. 마무리

- 기도로 마무리한다.
- 제6주 관찰문제를 예습해 오도록 한다.
- 실천 과제를 제시한다.

생활의 아로마 - 실천

예 1) 미래의 비전을 위해 현재 이겨내야 하는 것 한 가지를 적고 실천하도록 한다.
2) 일주일 동안 과거에 하나님께서 응답해 주신 것을 생각하며 감사의 찬양을 하도록 한다.

언약의 흔적

창세기 17:1-22

학습목표

1. 그리스도인은 언약의 흔적을 가진다는 것을 알 수 있다.
2. 그리스도인이라면 할례에 합당한 삶이 요구되는 것을 알 수 있다.

KEYWORD 언약, 증표, 할례

Ⅰ. 찬양과 기도

Ⅱ. 지난주 실천 과제 나눔

Ⅲ. 복습문제 풀이

복습

1 사래의 학대를 견디다 못해 도망친 하갈에게 하나님의 사자가 임하여 하신 명령과 약속은 무엇인가?(16:9, 10)

명령: 네 여주인에게 돌아가서 그에게 복종하라.

약속: 네 자손이 번성하여 그 수를 셀 수 없게 하겠다.

Ⅳ. 말씀 창세기 17:1-22을 다함께 읽는다

[17:1] 아브람이 구십구 세 때에 여호와께서 아브람에게 나타나서 그에게 이르시되 나는
전능한 하나님이라 너는 내 앞에서 행하여 완전하라 [2] 내가 내 언약을 나와 너 사이에
두어 너를 크게 번성하게 하리라 하시니 [3] 아브람이 엎드렸더니 하나님이 또 그에게
말씀하여 이르시되 [4] 보라 내 언약이 너와 함께 있으니 너는 여러 민족의 아버지가 될
지라 [5] 이제 후로는 네 이름을 아브람이라 하지 아니하고 아브라함이라 하리니 이는
내가 너를 여러 민족의 아버지가 되게 함이니라 [6] 내가 너로 심히 번성하게 하리니 내
가 네게서 민족들이 나게 하며 왕들이 네게로부터 나오리라 [7] 내가 내 언약을 나와 너
및 네 대대 후손 사이에 세워서 영원한 언약을 삼고 너와 네 후손의 하나님이 되리라
[8] 내가 너와 네 후손에게 네가 거류하는 이 땅 곧 가나안 온 땅을 주어 영원한 기업이
되게 하고 나는 그들의 하나님이 되리라 [9] 하나님이 또 아브라함에게 이르시되 그런
즉 너는 내 언약을 지키고 네 후손도 대대로 지키라 [10] 너희 중 남자는 다 할례를 받으
라 이것이 나와 너희와 너희 후손 사이에 지킬 내 언약이니라 [11] 너희는 포피를 베어
라 이것이 나와 너희 사이의 언약의 표징이니라 [12] 너희의 대대로 모든 남자는 집에서
난 자나 또는 너희 자손이 아니라 이방 사람에게서 돈으로 산 자를 막론하고 난 지 팔
일 만에 할례를 받을 것이라 [13] 너희 집에서 난 자든지 너희 돈으로 산 자든지 할례를
받아야 하리니 이에 내 언약이 너희 살에 있어 영원한 언약이 되려니와 [14] 할례를 받
지 아니한 남자 곧 그 포피를 베지 아니한 자는 백성 중에서 끊어지리니 그가 내 언약
을 배반하였음이니라 [15] 하나님이 또 아브라함에게 이르시되 네 아내 사래는 이름을
사래라 하지 말고 사라라 하라 [16] 내가 그에게 복을 주어 그가 네게 아들을 낳아 주게
하며 내가 그에게 복을 주어 그를 여러 민족의 어머니가 되게 하리니 민족의 여러 왕
이 그에게서 나리라 [17] 아브라함이 엎드려 웃으며 마음속으로 이르되 백 세 된 사람이
어찌 자식을 낳을까 사라는 구십 세니 어찌 출산하리요 하고 [18] 아브라함이 이에 하나
님께 아뢰되 이스마엘이나 하나님 앞에 살기를 원하나이다 [19] 하나님이 이르시되 아
니라 네 아내 사라가 네게 아들을 낳으리니 너는 그 이름을 이삭이라 하라 내가 그와
내 언약을 세우리니 그의 후손에게 영원한 언약이 되리라 [20] 이스마엘에 대하여는 내
가 네 말을 들었나니 내가 그에게 복을 주어 그를 매우 크게 생육하고 번성하게 할지
라 그가 열두 두령을 낳으리니 내가 그를 큰 나라가 되게 하려니와 [21] 내 언약은 내가
내년 이 시기에 사라가 네게 낳을 이삭과 세우리라 [22] 하나님이 아브라함과 말씀을 마
치시고 그를 떠나 올라가셨더라

V. 관찰문제의 바른 답

말씀 돋보기 - 관찰

〈17장에서 말씀하신 하나님〉

순서	아브라함과 자손을 축복하시겠다는 하나님의 의지	아브라함에 대한 하나님의 요구/기대
1		1-2절(내 앞에서 완전하라!)
2	3-8절(아브람의 이름이 바뀜)	
3		9-14절(할례의 규례)
4	15-16절(사래의 이름이 바뀜)	
5	19-21절(그의 후손에게 영원한 언약)	

1 전능하신 하나님께서 아브람을 찾아오셔서 요구하시는 것은 무엇인가?(17:1)

내 앞에서 행하여 완전하라.

Tip 하나님께서는 아브람에게 '내 앞에서 행하여 완전하라' 라고 하셨다. 이는 하나님에게 순종하여 흠없이 살라는 의미로, 이스라엘을 대표하는 아브람은 삶에서 매일 하나님을 중심에 두고 걸어야 하며 순간순간마다 하나님을 가장 가까운 곳에서 경험해야 한다는 뜻이다. 하나님 앞에서 '완전하다/흠이 없다'는 '청렴하라'는 뜻이며 죄를 짓지 않는 것보다 훨씬 더 강한 도덕적인 요구이다.

2 하나님께서는 아브람과 사래의 이름을 바꾸어 주시는데 그 이름의 의미는 무엇인가?(17:4-6, 15, 16)

아브람→아브라함: 여러 민족의 아버지

사래→사라: 여러 민족의 어머니

Tip 많은 자손을 주겠다고 약속하신 하나님께서 아브람의 이름을 새로운 신분과 지위에 알맞게 바꾸어 주신다. 아브람이 '아브라함'이 된 것이다. 아브람은 '존귀한 아버지'라는 의미였다면, 아브라함은 '여러 민족의 아버지'라는 뜻이다. 사래는 '공주/여왕'이란 뜻으로 그녀의 귀족 신분을 암시한다. '사라'는 사실 '사래'라는 이름을 다르게 표기한 것이다. 그러나 하나님께서는 이 이름의 중요성을 그녀도 아브라함처럼 많은 민족과 왕들의 어머니가 될 것으로 설명하신다. 사라는 '여러 민족의 어미', 더 구체적으로 '많은 왕들의 어미', 곧 '공주/왕비'를 뜻한다. 아브라함과 사라의 이름의 변화는 언약의 범위가 개인적인 차원을 초월해서 세계화될 것을 나타내고 있다. 고대근동의 정서에 의하면 아브람의 이름 변화는 인격과 운명의 변화를 의미한다. 야곱→이스라엘(창 32:28;35:10), 다니엘→벨드사살(단 1:7)

3 아브라함이 받은 축복 중 가장 큰 축복은 무엇인가?(17:8)

하나님께서 아브라함과 그의 자손들의 하나님이 되어 주시는 것

Tip

하나님께서는 언약을 통해 아브라함이 많은 자손과 왕을 두게 될 것을 약속하시지만, 이 언약의 가장 중요한 요소는 여호와께서 그의 하나님과 그의 자손들의 하나님이 되어 주시겠다고 선언하신 일이다.

● **가나안 땅의 약속의 역사**

1) 아브라함과의 약속: 몇백 년이 지난 다음 이집트에서 나옴

2) 죄를 지어 바벨론으로 끌려감: 70년 후에 다시 돌아옴

3) 로마인으로 인해 쫓겨남: 2000년 만에 땅을 다시 되찾음

4 아브라함과 그의 후손이 대대로 지킬 언약의 표징은 무엇인가? (17:10-11)

할례

Tip

〈할례의 종류와 의미〉

할례의 종류	할례의 상징적 의미
결혼 예식	고대근동: 신부 집안의 남자들이 신랑에게 행함 – 가족의 일원으로 받아들임
아기 할례(유대인)	8일째(고대근동): 생후 몇 일 내 사망하는 경우가 많음 – 1주일이 넘으면 생존 가능성이 높음 8일의 의미: 태아난 아이가 7일 동안의 천지창조 사이클을 경험한 후 첫날
아브라함 할례 (가족, 종들 중 모든 남자)	언약 자체가 아닌 언약의 증표: 평생 몸에 지니며 언약 맺음과 부르신 이유를 묵상케 하는 영원한 흉터

오늘날의 그리스도인	육체의 할례보다 마음의 할례(신 10:16, 30:6; 렘 4:4): 참 언약의 주인이신 그리스도가 오심으로 인해 주의 백성들에게 성령의 인치심이 있으므로 육체의 할례가 불필요함(행 15장)

5 하나님으로부터 자손의 축복을 받은 아브라함은 어떤 반응을 보였는가?(17:17-18)

땅에 엎드려 웃으면서 하나님의 말씀이 이루어질 수 없다고 혼잣말을 했음

Tip 하나님의 말씀에 충격을 받은 아브라함은 땅에 엎드려 웃으면서 혼잣말을 했다. 이런 모습이 하나님에 대한 불신의 모습으로 비춰질 수 있으나 하나님께서 하시는 말씀은 그 어디에서도 들어보지 못했던 너무도 황당한 이야기이기 때문이다.

Ⅵ. 적용과 나눔

삶의 내비게이션 - 적용

1 과거에는 원망과 비웃음거리였는데 되돌아 보면 어느덧 하나님이 이루어 주셨다는 것을 깨닫게 되는 일이 있다. 당신에게는 어떤 경험이 있는가?

관찰문제 3번 참조. 사라가 아들을 낳을 것이라는 하나님의 말씀에 아브라함은 비웃는다. 사라도 이 사실을 듣고 비웃었다. 그러나 아브라함과 사라의 비웃음은 이삭의 출생으로 말미암아 웃음으로 바뀐다(21:6). 우리도 과거를 돌아보면 직업, 학업, 직분, 일의 성취, 내 집 장만 등 다양한 부분에서 나에게도 그런 날이 올까 했던 경험들이 있을 것이다.

당시에는 정말 이루어지지 않을 것 같아 소망을 가지라는 권면을 비웃고, 원망했는데 이제는 웃을 수 있게 된 경험들을 이야기 나누어 보도록 한다.

2 예수 그리스도를 통해 구원에 이른 우리에게 요구되는 것은 육체의 할례가 아니라 마음의 할례이다(신 10:16, 30:6; 렘 4:4). 당신은 마음의 할례로 어떤 표시를 갖고 있는가?

관찰문제 4번 참조. 구약에는 남자들이 육체의 할례를 행했다. 그러나 신약에는 누구든지 마음의 할례를 행해야 한다. 구약의 육체의 할례도 타인에게 보이지 않는 부분이고, 신약의 마음의 할례 또한 눈으로 확인할 수 없는 부분이다. 그러나 두 할례 모두 삶에서 그들의 구별된 행동으로 확인할 수 있다. 육체의 할례는 그 표시를 몸에 지니고 하나님의 언약을 기억하게 하는 증표였다면, 마음의 할례는 하나님 중심의 삶을 살고, 가치관의 변화를 가져오며, 삶의 자세가 바뀌는 표시를 가지게 된다.

각자 마음의 할례로 어떤 표시를 갖고 있는지 말해 보도록 한다. 만일 마음의 할례에 대해 잘 모른다면 위의 내용을 인도자가 이야기해 주고 서로 나눔을 갖도록 한다.

3 구약에서 이름의 변화는 곧 신분의 변화를 의미한다. 그리고 그 신분에 맞는 책임 있는 삶을 요구한다. 그리스도인들은 주의 백성, 주의 자녀라는 신분으로 변화되었다. 당신은 그에 합당한 삶을 살고 있는가?

관찰문제 2번 참조. 한 공동체에 속하면 그 공동체가 지켜야 할 규율이 있다. 학교, 직장, 동호회 등 다양한 공동체에서 그것을 경험한다. 그리스도인의 공동체 또한 그에 맞는 책임감이 주어진다.

각자 주님을 믿기 전과 믿은 후에 달라진 삶을 비교해 보면 좋다. 또한 모태 신앙의 경우 영접하기 전과 후의 차이점을 비교해 볼 수 있다. 그리스도인이라면 이것만은 꼭 지켜야 한다고 생각하는 것을 서로 이야기 나누어 보도록 한다. 이를 통해 서로가 생각하는 그리스도인의 신분에 맞는 책임 있는 삶은 어떤 것인지 말해 보도록 한다.

Ⅶ. 마무리

- 기도로 마무리한다.
- 제7주 관찰문제를 예습해 오도록 한다.
- 실천 과제를 제시한다.

생활의 아로마 - 실천

예 1) 그리스도를 믿지 않는 자와 구별되는 행동을 찾아서 실천하도록 한다.
2) 하나님께서 이루어 주신 일에 대해 매일 1회 이상 감사와 찬양을 한다.

심판과 은혜

제7주

창세기 18:1-33

학습목표

1. 하나님께서 우리를 선택하심으로 나뿐만 아니라 후손들에게도 하나님의 공의와 정의가 실현되기를 원하신다는 것을 알 수 있다.
2. 하나님은 인간의 중보기도에 응답하시는 분이라는 사실을 알 수 있다.

KEYWORD 환대, 중보

Ⅰ. 찬양과 기도

Ⅱ. 지난주 실천 과제 나눔

Ⅲ. 복습문제 풀이

복습

1 전능하신 하나님께서 아브람을 찾아오셔서 요구하신 것은 무엇인가?(17:1)

내 앞에서 행하여 완전하라.

2 아브라함과 그의 후손이 대대로 지킬 언약의 표징은 무엇인가?(17:10-11)

할례

Ⅳ. 말씀 창세기 18:1-33을 다함께 읽는다

18:1 여호와께서 마므레의 상수리나무들이 있는 곳에서 아브라함에게 나타나시니라
날이 뜨거울 때에 그가 장막 문에 앉아 있다가 2 눈을 들어 본즉 사람 셋이 맞은편
에 서 있는지라 그가 그들을 보자 곧 장막 문에서 달려나가 영접하며 몸을 땅에 굽혀
3 이르되 내 주여 내가 주께 은혜를 입었사오면 원하건대 종을 떠나 지나가지 마시옵
고 4 물을 조금 가져오게 하사 당신들의 발을 씻으시고 나무 아래에서 쉬소서 5 내가
떡을 조금 가져오리니 당신들의 마음을 상쾌하게 하신 후에 지나가소서 당신들이 종
에게 오셨음이니이다 그들이 이르되 네 말대로 그리하라 6 아브라함이 급히 장막으로
가서 사라에게 이르되 속히 고운 가루 세 스아를 가져다가 반죽하여 떡을 만들라 하
고 7 아브라함이 또 가축 떼 있는 곳으로 달려가서 기름지고 좋은 송아지를 잡아 하인
에게 주니 그가 급히 요리한지라 8 아브라함이 엉긴 젖과 우유와 하인이 요리한 송아
지를 가져다가 그들 앞에 차려 놓고 나무 아래에 모셔 서매 그들이 먹으니라 9 그들
이 아브라함에게 이르되 네 아내 사라가 어디 있느냐 대답하되 장막에 있나이다 10 그
가 이르시되 내년 이맘때 내가 반드시 네게로 돌아오리니 네 아내 사라에게 아들이 있
으리라 하시니 사라가 그 뒤 장막 문에서 들었더라 11 아브라함과 사라는 나이가 많아
늙었고 사라에게는 여성의 생리가 끊어졌는지라 12 사라가 속으로 웃고 이르되 내가
노쇠하였고 내 주인도 늙었으니 내게 무슨 즐거움이 있으리요 13 여호와께서 아브라
함에게 이르시되 사라가 왜 웃으며 이르기를 내가 늙었거늘 어떻게 아들을 낳으리요
하느냐 14 여호와께 능하지 못한 일이 있겠느냐 기한이 이를 때에 내가 네게로 돌아오
리니 사라에게 아들이 있으리라 15 사라가 두려워서 부인하여 이르되 내가 웃지 아니
하였나이다 이르시되 아니라 네가 웃었느니라 16 그 사람들이 거기서 일어나서 소돔
으로 향하고 아브라함은 그들을 전송하러 함께 나가니라 17 여호와께서 이르시되 내
가 하려는 것을 아브라함에게 숨기겠느냐 18 아브라함은 강대한 나라가 되고 천하 만
민은 그로 말미암아 복을 받게 될 것이 아니냐 19 내가 그로 그 자식과 권속에게 명하
여 여호와의 도를 지켜 의와 공도를 행하게 하려고 그를 택하였나니 이는 나 여호와
가 아브라함에게 대하여 말한 일을 이루려 함이니라 20 여호와께서 또 이르시되 소돔
과 고모라에 대한 부르짖음이 크고 그 죄악이 심히 무거우니 21 내가 이제 내려가서
그 모든 행한 것이 과연 내게 들린 부르짖음과 같은지 그렇지 않은지 내가 보고 알려
하노라 22 그 사람들이 거기서 떠나 소돔으로 향하여 가고 아브라함은 여호와 앞에 그
대로 섰더니 23 아브라함이 가까이 나아가 이르되 주께서 의인을 악인과 함께 멸하려
하시나이까 24 그 성 중에 의인 오십 명이 있을지라도 주께서 그 곳을 멸하시고 그 오
십 의인을 위하여 용서하지 아니하시리이까 25 주께서 이같이 하사 의인을 악인과 함

께 죽이심은 부당하오며 의인과 악인을 같이 하심도 부당하니이다 세상을 심판하시는
이가 정의를 행하실 것이 아니니이까 26 여호와께서 이르시되 내가 만일 소돔 성읍 가
운데에서 의인 오십 명을 찾으면 그들을 위하여 온 지역을 용서하리라 27 아브라함이
대답하여 이르되 나는 티끌이나 재와 같사오나 감히 주께 아뢰나이다 28 오십 의인 중
에 오 명이 부족하다면 그 오 명이 부족함으로 말미암아 온 성읍을 멸하시리이까 이르
시되 내가 거기서 사십오 명을 찾으면 멸하지 아니하리라 29 아브라함이 또 아뢰어 이
르되 거기서 사십 명을 찾으시면 어찌 하려 하시나이까 이르시되 사십 명으로 말미암
아 멸하지 아니하리라 30 아브라함이 이르되 내 주여 노하지 마시옵고 말씀하게 하옵
소서 거기서 삼십 명을 찾으시면 어찌 하려 하시나이까 이르시되 내가 거기서 삼십 명
을 찾으면 그리하지 아니하리라 31 아브라함이 또 이르되 내가 감히 내 주께 아뢰나이
다 거기서 이십 명을 찾으시면 어찌 하려 하시나이까 이르시되 내가 이십 명으로 말미
암아 그리하지 아니하리라 32 아브라함이 또 이르되 주는 노하지 마옵소서 내가 이번
만 더 아뢰리이다 거기서 십 명을 찾으시면 어찌 하려 하시나이까 이르시되 내가 십
명으로 말미암아 멸하지 아니하리라 33 여호와께서 아브라함과 말씀을 마치시고 가시
니 아브라함도 자기 곳으로 돌아갔더라

V. 관찰문제의 바른 답

말씀 돋보기 - 관찰

1 무더운 한낮에 장막 문에 앉아 있던 아브라함은 세 명의 손님을 만나 어떻게 무엇을 대접하는가?(18:2, 6-8)

어떻게: 급히 가서, 속히 만들어, 달려가서, 급히 요리해서 대접했다.

무엇을: 고운 밀가루 빵, 기름지고 좋은 송아지, 엉긴 젖과 우유

Tip

아브라함은 세 명의 손님을 영접하였다. 아브라함은 '급히 가서…속히 만들어…달려가서…급히 요리'해서 손님을 접대했다. 유목민의 삶을 중심으로 형성된 고대근동에서 손님 환대는 죽음에서 생명을 구할 수 있는 매우 중요한 일이었다. 당시 풍습은 자신의 장막으로 누구든지 다가오면 쉬고, 먹고, 마실 수 있는 여건을 제공하는 것이 미덕이었다.

- **손님 환대의 이유**

1) 잠재적 원수를 잠시 동안이라도 자신의 편으로 만듦

2) 해하기 위해 찾아 온 사람의 마음을 변화시킬 수 있는 가능성

- **아브라함의 관대한 접대**

1) 고운 밀가루 빵: 하나님께 제물로 드리는 빵을 빚는 재료로 언급

2) 기름지고 좋은 송아지: 아주 귀한 손님을 접대할 때 드리는 요리

3) 엉긴 젖과 우유: 일종의 요구르트처럼 우유를 발효시킨 것

2 속으로 웃는 사라에게 하나님께서 하신 말씀은 무엇인가?(18:14)

여호와께 능하지 못한 일이 있겠느냐

Tip 비웃는 사라를 두고 하나님께서는 아브라함에게 말씀하신다. "여호와께 능하지 못한 일이 있겠느냐" 하나님의 능력에는 한계가 없다는 것을 강조하는 말씀이다. 사라가 믿지 못해서 비웃고 있음에도 불구하고 하나님께서는 계획하신 바를 1년 안에 성취하실 것을 다시 한번 선포하신다.

3 여호와께서 아브라함에게 숨기지 않고 말씀하신 일 두 가지는 무엇인가?(18:18-21)

18절: 강한 나라가 되고 천하 만민이 아브라함으로 말미암아 복을 받을 것

20-21절: 소돔과 고모라의 부르짖음이 크고 죄악이 무거워서 직접 알아보려 한다.

Tip 하나님께서 아브라함을 하란에서 불러내시고 특별히 선택하신 목적은 '강한 나라가 되고 천하만민이 그로 말미암아 복을 받게 하기 위해서'이다. 또한 하나님께서는 소돔과 고모라의 울부짖는 소리가 커서 직접 알아보기 위해 내려오셨다고 말씀하신다. 이것은 하나님께서 앞으로의 계획을 말씀하신 것으로 마치 선지자에게 말씀하시듯 아브라함에게 말씀하고 있다.

4 하나님께서 아브라함을 선택하신 목적은 무엇인가?(18:19)

아브라함의 자식과 권속에게 명하여 여호와의 도를 지켜 공의와 정의를 행하게 하려고

Tip 하나님이 아브라함을 선택하신 목적은 아브라함 한 사람만 하나님의 의를 드러내도록 하기 위해서가 아니라 '자식과 권속에게 명하여 **여호와의 도를 지켜 공의와 정의를 행하게 하려는 데**'도 있었다. 하나님께서는 아브라함의 후손들에게도 아브라함에게 요구하신 수준의 순종과 의를 요구하신 것이다.

5 아브라함은 몇 차례에 걸쳐 소돔을 위해 중재했으며, 왜 열 명에서 멈추었는가?(18:23-33)

여섯 차례, '10'은 공동체를 뜻하는 최소한의 숫자

Tip 아브라함은 총 6차례에 걸쳐 하나님으로부터 소돔과 고모라에 의인 10명만 있어도 심판하지 않겠다는 약속을 받아냈다. 처음 세 번은 50-45-40 순으로 5명씩 줄였다. 그 다음 세 번은 40-30-20-10 순으로 10명씩 줄였다. '10'은 완전성을 뜻하는 상징적인 숫자로 전체를 대표한다. 또한 '10'은 효과적인 사회를 구성하는 가장 작은 숫자로 여겨졌다. 아브라함이 '10'에서 멈춘 이유는 이 숫자가 공동체를 뜻하는 최소한의 숫자이기 때문이다.
그러므로 의인 10명이 없다는 것은 이 도시 전체가 구원받는 일이 불가능하다는 뜻이다. 온 공동체가 심판을 피할 수 없게 되면, 이때부터 하나님께서는 개인적인 차원의 구원을 이루어 나가신다.

Ⅵ. 적용과 나눔

삶의 내비게이션 - 적용

1 아브라함은 길 가는 손님들을 잘 대접했다. 당신이 기억하는 훌륭한 대접에는 어떤 것이 있는가?

관찰문제 1번 참조. 아브라함은 길 가는 손님들을 잘 접대했다. 유목 생활을 하는 이스라엘에서 길 가는 손님을 접대하는 것은 중요한 일이었다. 그러나 한국에서 오늘을 살아가는 사람들에게 접대는 피하고 싶은 일이 되었다.
당신이 기억하는 훌륭한 대접은 무엇이었는지 이야기를 나누어 보자. 그것이 훌륭한 음식이나, 집이 아니어도 좋다. 따뜻한 분위기라든가 엄마의 손길 같은 경험들을 나누어 보도록 한다.

2 아브라함은 소돔을 위해 중보기도를 한다. 당신이 아브라함처럼 공동체를 위해 중보기도를 한 것은 무엇인가?

관찰문제 5번 참조. 아브라함은 소돔을 위해 여섯 차례 중보기도를 한다. 신앙이 성숙해지면서 또는 공동체 생활을 하면서 나만을 위해 기도하던 것들이 점점 공동체의

기도제목을 놓고 기도하는 것을 경험할 수 있다.
각자가 공동체를 위해 중보기도하는 것은 무엇인지 이야기를 나누어 보도록 한다.

3 아브라함의 소명에는 자손 대대로 여호와께 잘 순종하게 하는 것이 포함되어 있었다. 당신의 자녀가 자손 대대로 여호와의 도를 지키기 위해 당신이 행하고 있는 공의와 정의는 무엇인가?

관찰문제 4번 참조. 여호와의 도를 지키는 것, 그의 공의와 정의를 행하는 것은 큰 일처럼 보인다. 하지만 그것은 하나님의 말씀에 순종하는 것, 이웃을 사랑하는 것 등으로 다양하게 생각할 수 있다. 가까운 이웃부터 멀리 아프리카에 있는 어린이까지, 이웃을 돌보고 약자를 배려하는 것 등 각자 실천하고 그것을 통해 자녀들에게 본을 보일 수 있는 것은 무엇인가 말해 보도록 한다.

Ⅶ. 마무리

- 기도로 마무리한다.
- 제8주 관찰문제를 예습해 오도록 한다.
- 실천 과제를 제시한다.

생활의 아로마 - 실천

예 1) 일주일 동안 자녀들에게/부모에게 거짓말하지 않도록 한다.
2) 어려움에 처한 공동체의 일원을 식사에 초대하여 대접하도록 한다.

돌아보지 말라!

창세기 19:1–22

학습목표

1. 하나님은 인간의 미련에 대해 경고하신다는 것을 알 수 있다.
2. 손대접을 잘 하면 뜻밖의 복을 경험할 수도 있다.

KEYWORD 미련, 방심, 손대접

Ⅰ. 찬양과 기도

Ⅱ. 지난주 실천 과제 나눔

Ⅲ. 복습문제 풀이

복습

1 하나님께서 아브라함을 선택하신 목적은 무엇인가? (18:19)

아브라함의 자식과 권속에게 명하여 여호와의 도를 지켜 공의와 정의를 행하게 하려고

Ⅳ. 말씀 창세기 19:1-22을 다함께 읽는다

19:1 저녁 때에 그 두 천사가 소돔에 이르니 마침 롯이 소돔 성문에 앉아 있다가 그들
을 보고 일어나 영접하고 땅에 엎드려 절하며 2 이르되 내 주여 돌이켜 종의 집으로
들어와 발을 씻고 주무시고 일찍이 일어나 갈 길을 가소서 그들이 이르되 아니라 우리
가 거리에서 밤을 새우리라 3 롯이 간청하매 그제서야 돌이켜 그 집으로 들어오는지
라 롯이 그들을 위하여 식탁을 베풀고 무교병을 구우니 그들이 먹으니라 4 그들이 눕
기 전에 그 성 사람 곧 소돔 백성들이 노소를 막론하고 원근에서 다 모여 그 집을 에
워싸고 5 롯을 부르고 그에게 이르되 오늘 밤에 네게 온 사람들이 어디 있느냐 이끌
어 내라 우리가 그들을 상관하리라 6 롯이 문 밖의 무리에게로 나가서 뒤로 문을 닫고
7 이르되 청하노니 내 형제들아 이런 악을 행하지 말라 8 내게 남자를 가까이 하지 아
니한 두 딸이 있노라 청하건대 내가 그들을 너희에게로 이끌어 내리니 너희 눈에 좋을
대로 그들에게 행하고 이 사람들은 내 집에 들어왔은즉 이 사람들에게는 아무 일도 저
지르지 말라 9 그들이 이르되 너는 물러나라 또 이르되 이 자가 들어와서 거류하면서
우리의 법관이 되려 하는도다 이제 우리가 그들보다 너를 더 해하리라 하고 롯을 밀
치며 가까이 가서 그 문을 부수려고 하는지라 10 그 사람들이 손을 내밀어 롯을 집으
로 끌어들이고 문을 닫고 11 문 밖의 무리를 대소를 막론하고 그 눈을 어둡게 하니 그
들이 문을 찾느라고 헤매었더라 12 그 사람들이 롯에게 이르되 이 외에 네게 속한 자
가 또 있느냐 네 사위나 자녀나 성 중에 네게 속한 자들을 다 성 밖으로 이끌어 내라
13 그들에 대한 부르짖음이 여호와 앞에 크므로 여호와께서 이 곳을 멸하시려고 우리
를 보내셨나니 우리가 멸하리라 14 롯이 나가서 그 딸들과 결혼할 사위들에게 말하여
이르기를 여호와께서 이 성을 멸하실 터이니 너희는 일어나 이 곳에서 떠나라 하되 그
의 사위들은 농담으로 여겼더라 15 동틀 때에 천사가 롯을 재촉하여 이르되 일어나 여
기 있는 네 아내와 두 딸을 이끌어 내라 이 성의 죄악 중에 함께 멸망할까 하노라 16
그러나 롯이 지체하매 그 사람들이 롯의 손과 그 아내의 손과 두 딸의 손을 잡아 인도
하여 성 밖에 두니 여호와께서 그에게 자비를 더하심이었더라 17 그 사람들이 그들을
밖으로 이끌어 낸 후에 이르되 도망하여 생명을 보존하라 돌아보거나 들에 머물지 말
고 산으로 도망하여 멸망함을 면하라 18 롯이 그들에게 이르되 내 주여 그리 마옵소서
19 주의 종이 주께 은혜를 입었고 주께서 큰 인자를 내게 베푸사 내 생명을 구원하시
오나 내가 도망하여 산에까지 갈 수 없나이다 두렵건대 재앙을 만나 죽을까 하나이다
20 보소서 저 성읍은 도망하기에 가깝고 작기도 하오니 나를 그 곳으로 도망하게 하소
서 이는 작은 성읍이 아니니이까 내 생명이 보존되리이다 21 그가 그에게 이르되 내가
이 일에도 네 소원을 들었은즉 네가 말하는 그 성읍을 멸하지 아니하리니 22 그리로

속히 도망하라 네가 거기 이르기까지는 내가 아무 일도 행할 수 없노라 하였더라 그러므로 그 성읍 이름을 소알이라 불렀더라

V. 관찰문제의 바른 답

말씀 돋보기 - 관찰

1 롯이 두 천사를 영접한 곳은 어디인가?(19:1)

소돔 성문

Tip

롯은 소돔 성문에 앉아 있다가 두 천사를 보고 영접했다. 당시 성문은 장사하는 사람들과 지역 유지들이 진을 치고 있던 곳이었다. 이곳에서 재판을 포함한 성의 모든 행정적, 상업적 업무가 진행되었다. 롯이 물건을 팔지는 않은 것으로 보아 소돔 사회의 존경받는 일원으로 자리 잡고 있었던 것으로 보인다.

2 소돔 백성들이 롯의 집으로 와서 요구한 것은 무엇이며, 롯의 해결책은 무엇인가?(19:4-8)

요구: 롯의 손님을 내놓으라.

해결책: 남자를 가까이 하지 않은 두 딸을 주겠다.

Tip

요구: 소돔 백성들은 노소를 막론하고 원근에서 다 모여 롯의 집을 에워싸고, 롯의 손님들을 내놓으라고 한다. 이유는 그들과 상관하겠다는 것이다. '상관하다'는 '알다' 또는 성적으로 아는 행위, 즉 성관계를 갖는 것을 의미한다. 당시 소돔은 동성애와 집단 강간 등으로 부패가 극에 달했음을 보여 준다.

해결책: 롯의 결혼하지 않은 두 딸을 내줄테니 손님들에게 손을 대지 말라는 부탁이었다. 당시 풍습에 의하면 일단 집에 맞이한 손님은 주인이 자신의 생명을 다해서라도 안전하게 보호해야 했다.

3 천사들이 소돔에 온 목적을 알려 주는데, 그것은 무엇인가?(19:13)

여호와께서 이 도시를 멸하시려고 그들을 보내셨다.

Tip 천사들은 하나님께서 이 도시를 멸하시려고 자신들을 보내셨다고 알려 주었다. 천사들은 이 사건을 통해서 이 도시가 얼마나 타락했고, 하나님의 심판을 받아 멸망하기에 마땅한 지에 대한 증인이 되었다.

4 롯이 딸들과 결혼할 사위들에게 성을 떠나라고 말했을 때 그들의 반응은 무엇인가?(19:14)

사위들은 농담으로 여겼다.

Tip 롯의 사위 될 사람들은 장인의 경고와 권면을 농담으로 여겼다. 이들의 태도는 심판을 받아 멸망할 이 도시 사람들의 마음 자세를 대표하고 있다. 이 도시 사람들은 심판을 받을만큼 어리석고 영적으로 아둔한 자들인 것이다. 또한 사위들의 반응은 평소 롯이 이들에게 신뢰를 받지 못했다는 증거이기도 하다.

5 천사들이 롯의 가족을 성 밖으로 이끌어 낸 후 지시한 것은 무엇인가?(19:17)

도망하여 생명을 보전하고, 뒤를 돌아보거나 들에 머물지 말고 산으로 도망하라.

Tip 천사들은 롯에게 도망하여 생명을 보전하고, 뒤를 돌아보거나 들에 머물지 말고 산으로 도망하라고 지시한다. 뒤를 돌아보지 말라는 것은 롯이 그렇게 좋아했던 소돔은 하나님의 심판을 받아 없어지게 된 죄악의 성읍이니 이 도시를 잊고 더 이상 미련을 두지 말라는 상징적인 권면이다.

Ⅵ. 적용과 나눔

삶의 내비게이션 - 적용

1 롯은 낯선 사람을 대접하다가 복을 받았다. 당신에게도 뜻밖의 손님을 대접하고 복을 받은 경험이 있는가?

관찰문제 1번 참조. 롯은 성문에 앉아 있다가 자신과 관계 없는 낯선 외부인을 대접했다. 결과적으로 롯이 대접한 사람은 천사들이었고, 롯은 이 일로 말미암아 소돔성이 멸망할 때 유일하게 살아남을 수 있게 된다. 뜻밖의 손님 접대로 목숨을 구할 수

있었던 것이다.

인도자는 참가자들에게 낯선 사람을 대접해 본 경험이 있는지 서로 이야기하게 한다. 그리고 롯과 같은 경험이 있으면 서로 나누어 보도록 한다. 모든 사람이 다 이야기를 해야 하는 것은 아니다. 경험이 있는 사람이 먼저 이야기해서 서로를 돌아볼 수 있도록 돕는다.

---

2 당신이 심각하게 받아들여야 하는데 가볍게 여기고 있는 것 중에 바꾸어야 할 것은 무엇인가?

적용문제 4번 참조. 부모님의 진심어린 충고가 자녀들에게는 잔소리로 느껴질 때가 많다. 또는 힘들다고 어렵게 진심을 이야기했는데 농담하지 말라고 가볍게 여겨 어렵게 한 고백을 허탈하게 만드는 경우도 있다.

부모님의 말씀, 신앙 선배의 권면, 친구들의 이야기 중에서 심각하게 받아들여야 하는데 가볍게 여긴 적이 있다면 무엇인지 서로 말해 보도록 한다. 인도자는 서로의 피드백을 통해 그것을 바꾸기 위해 실천할 수 있는 일은 무엇인지 깨닫도록 돕는다.

예) 학업, 진학, 이성에 관한 문제, 돈관리, 음주, 흡연 문제 등

---

3 천사들은 롯에게 뒤를 돌아보지 말라고 경고한다. 그러나 롯은 소돔에 미련이 많은 듯하다. 당신이 자꾸 뒤돌아 보는 일은 무엇인가?

관찰문제 5번 참조. 천사들은 뒤를 돌아보면 안 된다고 경고했다. 소돔 성은 롯이 선택해서 거처를 옮긴 곳이었다. 그런 소돔 성의 멸망은 곧 롯이 살면서 쌓아왔던 모든 것이 무너지는 것이다. 롯처럼 각자에게도 미련이 남는 장소나 추억이 있을 것이다.

각자에게 지금까지의 삶 중에서 자꾸 돌아보게 되고 미련이 남는 것은 무엇인지 서로 이야기해 보자. 그리고 천사의 경고가 무엇을 의미하는지도 서로 이야기를 나누어 보도록 한다.

인도자는 자신의 생각을 주입하려 하지 말고 각자의 이야기를 통해서 뒤를 돌아보고 의미가 무엇인지 깨닫도록 돕는다.

Ⅶ. 마무리

- 기도로 마무리한다.
- 제9주 관찰문제를 예습해 오도록 한다.
- 실천 과제를 제시한다.

생활의 아로마 - 실천

예 1) 상대방의 이야기를 진심으로 들어주기

2) 미련이 남는 일에 대해 일주일 동안 뒤돌아보지 않기

목숨 때문에… (2)

제9주

창세기 20:1-18

학습목표

1. 하나님은 죄 없는 사람들을 향해 보호막을 치시는 분이심을 알 수 있다.
2. 중보기도의 필요성을 알 수 있다.

KEYWORD 중보, 보호, 개입

Ⅰ. 찬양과 기도

Ⅱ. 지난주 실천 과제 나눔

Ⅲ. 복습문제 풀이

복습

1 천사들이 롯의 가족을 성 밖으로 이끌어 낸 후 지시한 것은 무엇인가?(19:17)

도망하여 생명을 보전하고, 뒤를 돌아보거나 들에 머물지 말고 산으로 도망하라.

Ⅳ. 말씀 창세기 20:1-18을 다함께 읽는다

20:1 아브라함이 거기서 네게브 땅으로 옮겨가 가데스와 술 사이 그랄에 거류하며
2 그의 아내 사라를 자기 누이라 하였으므로 그랄 왕 아비멜렉이 사람을 보내어 사
라를 데려갔더니 3 그 밤에 하나님이 아비멜렉에게 현몽하시고 그에게 이르시되 네
가 데려간 이 여인으로 말미암아 네가 죽으리니 그는 남편이 있는 여자임이라 4 아비
멜렉이 그 여인을 가까이 하지 아니하였으므로 그가 대답하되 주여 주께서 의로운 백
성도 멸하시나이까 5 그가 나에게 이는 내 누이라고 하지 아니하였나이까 그 여인도
그는 내 오라비라 하였사오니 나는 온전한 마음과 깨끗한 손으로 이렇게 하였나이다
6 하나님이 꿈에 또 그에게 이르시되 네가 온전한 마음으로 이렇게 한 줄을 나도 알았
으므로 너를 막아 내게 범죄하지 아니하게 하였나니 여인에게 가까이 하지 못하게 함
이 이 때문이니라 7 이제 그 사람의 아내를 돌려보내라 그는 선지자라 그가 너를 위하
여 기도하리니 네가 살려니와 네가 돌려보내지 아니하면 너와 네게 속한 자가 다 반
드시 죽을 줄 알지니라 8 아비멜렉이 그 날 아침에 일찍이 일어나 모든 종들을 불러
그 모든 일을 말하여 들려 주니 그들이 심히 두려워하였더라 9 아비멜렉이 아브라함
을 불러서 그에게 이르되 네가 어찌하여 우리에게 이렇게 하느냐 내가 무슨 죄를 네게
범하였기에 네가 나와 내 나라가 큰 죄에 빠질 뻔하게 하였느냐 네가 합당하지 아니한
일을 내게 행하였도다 하고 10 아비멜렉이 또 아브라함에게 이르되 네가 무슨 뜻으로
이렇게 하였느냐 11 아브라함이 이르되 이 곳에서는 하나님을 두려워함이 없으니 내
아내로 말미암아 사람들이 나를 죽일까 생각하였음이요 12 또 그는 정말로 나의 이복
누이로서 내 아내가 되었음이니라 13 하나님이 나를 내 아버지의 집을 떠나 두루 다니
게 하실 때에 내가 아내에게 말하기를 이 후로 우리의 가는 곳마다 그대는 나를 그대
의 오라비라 하라 이것이 그대가 내게 베풀 은혜라 하였었노라 14 아비멜렉이 양과 소
와 종들을 이끌어 아브라함에게 주고 그의 아내 사라도 그에게 돌려보내고 15 아브라
함에게 이르되 내 땅이 네 앞에 있으니 네가 보기에 좋은 대로 거주하라 하고 16 사라
에게 이르되 내가 은 천 개를 네 오라비에게 주어서 그것으로 너와 함께 한 여러 사람
앞에서 네 수치를 가리게 하였노니 네 일이 다 해결되었느니라 17 아브라함이 하나님
께 기도하매 하나님이 아비멜렉과 그의 아내와 여종을 치료하사 출산하게 하셨으니
18 여호와께서 이왕에 아브라함의 아내 사라의 일로 아비멜렉의 집의 모든 태를 닫으
셨음이더라

V. 관찰문제의 바른 답

말씀 돋보기 관찰

1 아비멜렉이 사람을 보내 사라를 데려간 이유는 무엇인가?(20:2)

아브라함이 사라를 자기 누이라고 소개했기 때문에

Tip

아브라함이 사라의 동의도 구하지 않고 그녀를 누이로 소개했기 때문에 아비멜렉은 사람을 보내 그녀를 데려갔다. 사라 나이 90세인데 왜 아비멜렉은 그녀를 아내로 삼으려 했던 것일까? 랍비들의 문헌에 의하면 사라의 피부가 탱탱하게 회생되었고, 주름도 없고, 원래의 아름다움이 회복되었다고 한다. 그러나 더 현실적인 가능성은 아브라함이 당시 많은 부를 가진 사람이었으므로 아비멜렉은 갑부의 여동생을 아내로 맞이하여 아브라함의 신분과 부를 누리려는 일종의 정략으로 보여진다.

2 아비멜렉은 하나님께 어떻게 자신의 억울함을 호소했는가?(20:4)

아비멜렉은 '의로운 백성도 멸하십니까?'라는 질문으로 억울함을 호소한다

Tip

아비멜렉은 '의로운 백성도 멸하십니까?'라고 질문하며 자신은 전혀 잘못이 없음을 주장한다. 그가 호소한 억울함을 정리하면 다음과 같다.

1) 아브라함이 사라를 자신의 누이라고 소개했다(20:5).

2) 사라도 아브라함을 오라비라고 했다(20:5).

3) 그러므로 자신이 하나님의 심판을 받는 것은 너무도 억울한 일이다.

4) 자신은 온전한 마음과 깨끗한 손으로 모든 일을 행했다(20:5).

저자는 본문을 통해 하나님은 사람이 억울한 일을 당하도록 내버려 두지 않으시며, 필요에 따라서 그를 보호하기 위해 보호막을 치신다는 점을 역설한다.

3 아브라함이 자기 아내를 여동생으로 속였던 이유는 무엇인가?(20:11-13)

아내로 말미암아 목숨을 잃을까 두려워서

Tip

아브라함의 변명은 궁색했다.

1) 이곳 사람들은 하나님을 두려워하지 않을 것 같아서 그들의 폭력으로부터

자신을 보호하기 위해서였다.

2) 사라는 실제로 그의 이복누이다.

3) 사라에게 가는 곳마다 자신을 '오빠'로 소개하라고 했다.

4 아비멜렉이 아브라함과 사라에게 준 선물은 무엇인가?(20:16)

은 천 개

Tip

아비멜렉은 사라의 훼손된 명예를 보상하기 위해 은 1000세겔을 아브라함에게 주었다. 1000세겔은 약 11.3킬로그램이다. 고대근동의 한 신화에 의하면 1000세겔은 신들이 결혼할 때 치른 혼례금(신부 몸값)으로 기록되어 있다. 이 액수는 매우 큰 것으로 한 사람이 평생 동안 벌 수 없는 돈이다. 한 바벨론 문헌에 의하면 노동자의 월급이 1/2세겔이었다고 한다. 이 정도 수준의 봉급이라면 이 돈을 벌기 위해 약 167년 일을 해야 한다는 계산이 나온다. 이것은 사라가 남편과 억울하게 헤어지게 되었음을 증명하며, 아비멜렉이 사라를 범하지 않았다는 것을 증명한다. 그 외에도 아브라함은 양과 소 떼, 남종과 여종, 그리고 땅을 선물로 받았다(20:14).

5 여호와께서 닫으신 아비멜렉 집안의 태를 열 수 있는 방법은 무엇인가?(20:17)

아브라함이 하나님께 기도함으로

Tip

아브라함이 아비멜렉과 그의 민족을 위해 기도하자 하나님께서 여자들을 치료하셔서 다시 아이를 가질 수 있게 해 주셨다. 당시 사람들은 불임을 질병으로 경우에 따라서는 언약적 저주로 여겼다. 아브라함이 기도하여 문제가 해결된 것은 "땅의 모든 족속이 너로 말미암아 복을 얻을 것이다"(12:3)라는 말씀이 성취되는 예이다.

- **아비멜렉에게 임한 재앙**

1) 너는 죽는다(20:3).

2) 너와 너에게 속한 사람이 반드시 죽을 줄 알라(20:7).

〈아브라함의 이집트 여정과 그랄 여정 비교〉

요소	이집트 여정(12:10-20)		그랄 여정(20:1-18)	
이주	10	아브람이 기근을 피해 이집트로 내려감	1	아브라함이 그랄로 내려감
속임	11-13	아브람이 사래에게 거짓말을 하도록 함	2a	아브라함이 아비멜렉에게 사라를 여동생이라고 함
탈취	14-16	바로가 사래를 데려가고 아브람에게 재물을 줌	2b	아비멜렉이 사라를 데려감
구원	17	하나님께서 바로를 치심	3-8	꿈 속에서 하나님이 아비멜렉을 야단치심
대면	18-19	바로가 아브람을 책망함	9-13	아비멜렉이 아브라함을 책망함
결론	20	아브람이 재물을 가지고 떠남	14-18	아비멜렉이 아브라함에게 재물을 줌 아브라함이 아비멜렉을 위해 기도함

VI. 적용과 나눔

삶의 내비게이션 - 적용

1 아브라함은 자신을 보호하기 위해서 거짓말을 했다고 변명한다. 당신은 자신을 보호하기 위해 거짓말한 경험이 있는가?

관찰문제 1번, 3번 참조. 거짓말은 대체로 자기보호를 위해 시작된다. 아브라함도 사라가 아내이자 이복누이이고, 다만 결혼한 사실을 말하지 않았을 뿐이라고 자신을 정당화한다.

각자의 삶에서도 이와 같은 경험이 있을 수 있다. 꼭 아브라함과 같은 경험이 아니더라도 각자 거짓말로 인한 해프닝에 대해 이야기를 나눌 수 있도록 한다. 그리고 그 거짓말이 어디에서부터 시작되었는지, 무엇을 위해 그런 거짓말을 했는지 돌아볼 수 있는 기회를 갖도록 인도자는 돕는다.

2 하나님께서 때로는 죄 없는 사람이 억울한 일을 당하지 않도록 보호하신다. 당신이 경험한 보호막은 어떤 것이 있는가?

관찰문제 2번 참조. 아비멜렉의 이야기를 통해서 하나님은 사람이 억울하게 화를 당하도록 내버려 두시는 분이 아니라는 사실을 확인할 수 있다. 필요에 따라서는 그를 위해 보호막을 치신다. 이 사실은 우리가 짓는 모든 죄를 우리가 책임져야 한다는 결론에 도달하게 한다. 또한 죄를 짓지 않는 것은 우리의 노력의 대가이기도 하지만 때로는 하나님의 배려와 보호의 결과라는 사실을 깨달아야 한다.
인도자는 각자가 죄로부터 하나님께서 보호하시는 것을 경험한 것을 이야기 나누어 보도록 한다. 그리고 억울한 일을 당하지 않도록 보호하시는 하나님의 은혜에 감사하는 시간을 갖도록 한다.

3 선지자의 기본적인 역할은 중보기도이다. 우리는 모두 선지자로 부르심을 받았다. 당신은 지금 누구를 위해 그리고 무엇을 위해 중보하고 있는가?

관찰문제 5번 참조. 아브라함이 기도하여 문제가 해결된 것은 "땅의 모든 족속이 너로 말미암아 복을 얻을 것이다"(12:3)라는 말씀이 성취된 예이다. 이 말씀은 아브라함에게만 국한된 것이 아니라 믿음의 백성인 우리 모두에게 적용되는 말씀이다. 그러므로 우리로 말미암아 복을 얻을 수 있도록 축복하며 기도하는 것은 우리의 기본적인 도리인 것이다.
각자가 중보기도하고 있는 것은 무엇인지 이야기를 나누어 보도록 한다. 인도자는 서로의 이야기 속에서 중보기도의 중요성을 깨닫도록 돕는다.

Ⅶ. 마무리

- 기도로 마무리한다.
- 제10주 관찰문제를 예습해 오도록 한다.
- 실천 과제를 제시한다.

생활의 아로마 - 실천

예 1) 일주일 동안 선지자의 기본 역할인 중보기도를 꾸준히 하도록 한다.
 2) 일주일 동안 자신을 보호하기 위한 거짓말을 절제하도록 한다.

남은 자와 떠난 자

제10주

창세기 21:1-21

학습목표

1. 하나님의 돌보심은 약속의 성취로 연결된다는 것을 알 수 있다.
2. 하갈(선택받지 못한 자)과의 약속도 지키시는 하나님을 경험할 수 있다.

KEYWORD 성취, 돌봄, 분리

Ⅰ. 찬양과 기도

Ⅱ. 지난주 실천 과제 나눔

Ⅲ. 복습문제 풀이

복습

1 여호와께서 닫으신 아비멜렉 집안의 태를 열 수 있는 방법은 무엇인가?(20:17)

아브라함이 하나님께 기도함으로

Ⅳ. 말씀 창세기 21:1-21을 다함께 읽는다

21:1 여호와께서 말씀하신 대로 사라를 돌보셨고 여호와께서 말씀하신 대로 사라에
게 행하셨으므로 2 사라가 임신하고 하나님이 말씀하신 시기가 되어 노년의 아브라
함에게 아들을 낳으니 3 아브라함이 그에게 태어난 아들 곧 사라가 자기에게 낳은 아
들을 이름하여 이삭이라 하였고 4 그 아들 이삭이 난 지 팔 일 만에 그가 하나님이 명
령하신 대로 할례를 행하였더라 5 아브라함이 그의 아들 이삭이 그에게 태어날 때에
백 세라 6 사라가 이르되 하나님이 나를 웃게 하시니 듣는 자가 다 나와 함께 웃으리
로다 7 또 이르되 사라가 자식들을 젖먹이겠다고 누가 아브라함에게 말하였으리요마
는 아브라함의 노경에 내가 아들을 낳았도다 하니라 8 아이가 자라매 젖을 떼고 이삭
이 젖을 떼는 날에 아브라함이 큰 잔치를 베풀었더라 9 사라가 본즉 아브라함의 아들
애굽 여인 하갈의 아들이 이삭을 놀리는지라 10 그가 아브라함에게 이르되 이 여종
과 그 아들을 내쫓으라 이 종의 아들은 내 아들 이삭과 함께 기업을 얻지 못하리라 하
므로 11 아브라함이 그의 아들로 말미암아 그 일이 매우 근심이 되었더니 12 하나님
이 아브라함에게 이르시되 네 아이나 네 여종으로 말미암아 근심하지 말고 사라가 네
게 이른 말을 다 들으라 이삭에게서 나는 자라야 네 씨라 부를 것임이니라 13 그러나
여종의 아들도 네 씨니 내가 그로 한 민족을 이루게 하리라 하신지라 14 아브라함이
아침에 일찍이 일어나 떡과 물 한 가죽부대를 가져다가 하갈의 어깨에 메워 주고 그
아이를 데리고 가게 하니 하갈이 나가서 브엘세바 광야에서 방황하더니 15 가죽부대
의 물이 떨어진지라 그 자식을 관목덤불 아래에 두고 16 이르되 아이가 죽는 것을 차
마 보지 못하겠다 하고 화살 한 바탕 거리 떨어져 마주 앉아 바라보며 소리 내어 우니
17 하나님이 그 어린 아이의 소리를 들으셨으므로 하나님의 사자가 하늘에서부터 하
갈을 불러 이르시되 하갈아 무슨 일이냐 두려워하지 말라 하나님이 저기 있는 아이의
소리를 들으셨나니 18 일어나 아이를 일으켜 네 손으로 붙들라 그가 큰 민족을 이루
게 하리라 하시니라 19 하나님이 하갈의 눈을 밝히셨으므로 샘물을 보고 가서 가죽부
대에 물을 채워다가 그 아이에게 마시게 하였더라 20 하나님이 그 아이와 함께 계시
매 그가 장성하여 광야에서 거주하며 활 쏘는 자가 되었더니 21 그가 바란 광야에 거
주할 때에 그의 어머니가 그를 위하여 애굽 땅에서 아내를 얻어 주었더라

V. 관찰문제의 바른 답

말씀 돋보기 - 관찰

1 나이가 많음에도 불구하고 사라가 아들을 낳을 수 있었던 이유는 무엇인가?(21:1)

하나님의 돌보심, 하나님의 은혜

Tip

여호와께서 말씀하신 대로 사라를 돌보시고, 여호와께서 말씀하신 대로 사라에게 행하셨다. '돌보다'로 번역된 히브리어 동사는 '방문하다/찾아오다'라는 뜻이다. 하나님의 직접적인 개입으로 인해 이삭이 태어나게 되었음을 강조하는 것이다.

- 오랫동안 기다리심–의학적으로 임신이 불가능할 때를 기다리심
- 25년의 세월을 기다리게 하신 이유–이스라엘의 탄생은 전적인 하나님의 은혜임을 알게 하시려고

2 그토록 기대하던 이삭의 탄생이 간략하게 기록된 이유는 무엇인가?(21:1-2)

여호와께서 약속하신 것이 말씀대로 이루어진 것은 당연하기 때문에

Tip

저자는 이삭의 탄생을 대수롭지 않은 일로 표현한다. 이삭의 탄생은 너무도 당연한 일이기 때문이다. 여호와께서 약속하신 것이 말씀대로 이루어진 것은 당연하며, 때가 차면 모든 것이 하나님의 약속대로 이루어질 것이기 때문이다. 1–2절에서 '하나님이 말씀하신 대로 되었다'라는 말씀이 세 차례나 반복된다. 저자는 이 문구를 반복하여 하나님의 신실하심을 역설한다.

3 사라가 아브라함에게 하갈과 이스마엘을 내쫓으라고 말하게 된 계기는 무엇인가?(21:9-10)

잔치 도중 이스마엘이 이삭을 놀리는 것을 보고

Tip

이삭이 젖을 떼던 날 큰 잔치가 있었다. 잔치 도중 이스마엘이 이삭을 놀리는 것을 본 사라는 심기가 불편해졌다. 이집트나 아시리아에서는 보통 만 3세까지 젖을 먹였으며, 이스라엘도 이러한 관습을 그대로 모방한 것으로 보인다.

4 아브라함은 하갈과 이스마엘을 어떻게 내보냈는가?(21:14)

떡과 물 한 가죽부대를 주어 내보냈다.

Tip

사라는 남편에게 이스마엘과 하갈을 내보낼 것을 요구했고, 아브라함은 큰 고민에 빠졌다. 이때 하나님께서 아브라함에게 두 가지를 확인해 주시면서 사라의 청을 들어 주라고 하셨다.

1) 이삭이 아브라함의 유일한 상속자가 될 것이다.

2) 이스마엘도 아브라함의 자손이기에 큰 민족이 될 것이다.

아브라함은 물과 음식을 조금씩 싸 주며 이 둘을 집에서 내보냈다. '내보내다'라는 동사는 남자가 이혼하여 아내를 내보내거나 노예를 자유인으로 내보낼 때 사용된다.

5 하갈의 울음에 하나님께서 어떻게 응답하셨는가?(21:18,19)

이스마엘이 큰 민족을 이룰 것을 말씀하시며 눈을 열어 샘물을 보게 하셨다.

Tip

하갈의 울부짖음은 원망으로 가득한 절망의 절규였다. 하나님은 이들의 통곡 소리를 들으시고 그들을 구원하셨다. '하나님께서 들으시다'를 줄이면 아이의 이름인 '이스마엘'이다. 하나님께서는 이전에 하갈에게 주셨던 이스마엘에 대한 약속을 재확인해 주셨다. 한 가지 특이한 점은 하나님께서 이스마엘에게 민족만 허락하시지 땅에 대한 말씀은 하지 않으신다는 점이다. 또한 하나님께서 하갈의 눈을 뜨게 하여 샘물을 발견하게 하셨다.

Ⅵ. 적용과 나눔

삶의 내비게이션 - 적용

1 '화장실 가기 전과 다녀온 후가 다르다'는 말이 있다. 사라는 아브라함과 하갈을 중매할 땐 언제고 아들이 생기자 하갈을 내쫓는다. 당신이 경험한 전과 후가 다른 일은 어떤 것이 있는가?

관찰문제 3번 참조. 사람이라면 누구나 이런 경험을 해 보았을 것이다. 그것이 작은 약속일 수도 있고, 운명이 달린 약속일 수도 있다. 약속할 때는 꼭 지킬 것 같지만

막상 그것을 지킬 수 있는 때가 되면 무시하거나 외면하는 경우를 경험할 수 있다. 각자가 경험한 전과 후가 다른 일은 어떤 것이 있는지 이야기를 나누어 보도록 한다. 인도자는 문제를 그대로 읽기보다는 자신이 경험한 화장실을 가기 전과 다녀온 후의 다른 일을 이야기하며 자연스럽게 참가자들의 말문을 열도록 돕는다.

2 하나님께서 하갈의 눈을 뜨게 하여 샘물을 발견하게 하셨다. 지금 하나님께서 당신의 눈을 뜨게 하신다면 무엇을 보기를 원하는가?

관찰문제 5번 참조. 하갈의 눈을 열어 샘물을 발견하게 하신 것은 그녀와 아들 이스마엘의 생명을 구원하시기 위함이었다. 하나님께서 눈을 열어 보게 하신다면, 우리에게 영혼구원을 사모하는 마음이 생길 수도 있고, 하나님의 말씀을 깨달아 알 수 있는 은혜가 임할 수도 있다.
각자가 하나님께서 눈을 열어 보기를 원하는 것은 무엇인지 이야기를 나누어 보도록 한다. 인도자는 그것이 그에게 가장 절실한 문제일 수도 있으니 너무 무거운 분위기로 억지로 이야기하지 않도록 돕는다. 말하기 어려워하는 참가자는 건너뛰는 것도 지혜이다.

3 아브라함과 사라는 약속을 받고서도 25년을 더 기다려야 했다. 당신이 아브라함과 사라처럼 성취되기를 기다리는 것은 무엇인가?

관찰문제 1번, 2번 참조. 아브라함은 아들에 대한 약속을 받고도 25년을 더 기다려서야 그 약속이 성취되었다. 성경은 이 약속의 성취를 자세하게 설명하지 않고, 간단하게 단 두 절로 기록하고 있다. 당연한 일이기 때문이다. 하나님께는 당연한 일이지만 약속을 기다리는 아브라함에게는 또는 우리에게는 너무나도 기다리고 기다리던 일이 아닌가.
각자 성취되기를 기다리는 것에 대해 이야기를 나누어 보도록 한다.
예) 아브라함과 같은 경우 – 자녀
진학, 취업
결혼
중보하고 있는 불신자의 구원 등

Ⅶ. 마무리

- 기도로 마무리한다.
- 제11주 관찰문제를 예습해 오도록 한다.
- 실천 과제를 제시한다.

생활의 아로마 - 실천

예 1) 실질적인 도움이 필요한 사람을 찾아가서 하나님의 마음으로 돕도록 한다.
2) 오랫동안 기다리며 기도하는 것에 대해 실망하지 않고 감사하도록 한다.

여호와 이레의 조건

제11주

창세기 22:1-19

학습목표

1. 여호와 이레의 조건은 순종이라는 것을 알 수 있다.
2. 우리도 순종함으로 여호와 이레의 하나님을 경험할 수 있다.

KEYWORD 순종, 시험(Test), 여호와 이레

Ⅰ. 찬양과 기도

Ⅱ. 지난주 실천 과제 나눔

Ⅲ. 복습문제 풀이

복습

1 나이가 많음에도 불구하고 사라가 아들을 낳을 수 있었던 이유는 무엇인가?(21:1)

하나님의 돌보심, 하나님의 은혜

2 하갈의 울음에 하나님께서 어떻게 응답하셨는가?(21:18, 19)

이스마엘이 큰 민족을 이룰 것을 말씀하시며 눈을 열어 샘물을 보게 하셨다.

Ⅳ. 말씀 창세기 22:1-19을 다함께 읽는다

22:1 그 일 후에 하나님이 아브라함을 시험하시려고 그를 부르시되 아브라함아 하시
니 그가 이르되 내가 여기 있나이다 2 여호와께서 이르시되 네 아들 네 사랑하는 독자
이삭을 데리고 모리아 땅으로 가서 내가 네게 일러 준 한 산 거기서 그를 번제로 드리
라 3 아브라함이 아침에 일찍이 일어나 나귀에 안장을 지우고 두 종과 그의 아들 이삭
을 데리고 번제에 쓸 나무를 쪼개어 가지고 떠나 하나님이 자기에게 일러 주신 곳으로
가더니 4 제삼일에 아브라함이 눈을 들어 그 곳을 멀리 바라본지라 5 이에 아브라함이
종들에게 이르되 너희는 나귀와 함께 여기서 기다리라 내가 아이와 함께 저기 가서 예
배하고 우리가 너희에게로 돌아오리라 하고 6 아브라함이 이에 번제 나무를 가져다가
그의 아들 이삭에게 지우고 자기는 불과 칼을 손에 들고 두 사람이 동행하더니 7 이삭
이 그 아버지 아브라함에게 말하여 이르되 내 아버지여 하니 그가 이르되 내 아들아
내가 여기 있노라 이삭이 이르되 불과 나무는 있거니와 번제할 어린 양은 어디 있나
이까 8 아브라함이 이르되 내 아들아 번제할 어린 양은 하나님이 자기를 위하여 친히
준비하시리라 하고 두 사람이 함께 나아가서 9 하나님이 그에게 일러 주신 곳에 이른
지라 이에 아브라함이 그 곳에 제단을 쌓고 나무를 벌여 놓고 그의 아들 이삭을 결박
하여 제단 나무 위에 놓고 10 손을 내밀어 칼을 잡고 그 아들을 잡으려 하니 11 여호와
의 사자가 하늘에서부터 그를 불러 이르시되 아브라함아 아브라함아 하시는지라 아브
라함이 이르되 내가 여기 있나이다 하매 12 사자가 이르시되 그 아이에게 네 손을 대
지 말라 그에게 아무 일도 하지 말라 네가 네 아들 네 독자까지도 내게 아끼지 아니하
였으니 내가 이제야 네가 하나님을 경외하는 줄을 아노라 13 아브라함이 눈을 들어 살
펴본즉 한 숫양이 뒤에 있는데 뿔이 수풀에 걸려 있는지라 아브라함이 가서 그 숫양
을 가져다가 아들을 대신하여 번제로 드렸더라 14 아브라함이 그 땅 이름을 여호와 이
레라 하였으므로 오늘날까지 사람들이 이르기를 여호와의 산에서 준비되리라 하더라
15 여호와의 사자가 하늘에서부터 두 번째 아브라함을 불러 16 이르시되 여호와께서
이르시기를 내가 나를 가리켜 맹세하노니 네가 이같이 행하여 네 아들 네 독자도 아끼
지 아니하였은즉 17 내가 네게 큰 복을 주고 네 씨가 크게 번성하여 하늘의 별과 같고
바닷가의 모래와 같게 하리니 네 씨가 그 대적의 성문을 차지하리라 18 또 네 씨로 말
미암아 천하 만민이 복을 받으리니 이는 네가 나의 말을 준행하였음이니라 하셨다 하
니라 19 이에 아브라함이 그의 종들에게로 돌아가서 함께 떠나 브엘세바에 이르러 거
기 거주하였더라

V. 관찰문제의 바른 답

말씀 돋보기 - 관찰

1 본문에서 하나님께서 아브라함을 부르신 목적은 무엇이며, 그 요구는 무엇인가?(22:1, 2)

아브라함을 시험하기 위해서, 하나님은 그의 아들 이삭을 번제로 드리라고 요구하심

Tip 하나님께서 아브라함을 시험해 보기 위해 부르셔서 그의 아들 이삭을 번제로 드리라고 요구하셨다. 이삭은 아브라함이 25년 만에 얻은 삶의 의미이자 인생의 결정판이었다. 아브라함은 이삭 때문에 삶의 보람을 느꼈다. 하란에 있는 친척들을 떠나와 가나안에서 이곳 저곳 정처없이 떠돌며 사는 그의 나그네 인생에 대한 위안이요 보상이라고 생각했다. 즉 아브라함이 '소유'하고 있는 것들 중 가장 소중한 것이 노년에 얻은 이삭이었다. 뿐만 아니라 늙은 아브라함이 지팡이 삼아 의지하며 살던 아들이었다. 하나님은 그런 아들 이삭을 바치라고 하신다.

2 하나님께서 아브라함에게 지시하신 장소는 어디이며, 며칠 여정인가?(22:2,4)

모리아 땅, 3일 여정

Tip 하나님께서 아브라함에게 지시하신 장소는 모리아 땅이며, 3일 여정이었다. 모리아 땅은 성경에 두 번 언급되는데, 역대하 3:1에 의하면, '모리아 산'에 예루살렘 성전이 세워졌다.
성경에서 3일은 중요한 일을 준비하는 기간으로 자주 사용된다. 이 일은 하나님과 아브라함에게 매우 중요한 일이었기 때문에 3일의 준비 기간이 필요했던 것이다. 또한 하나님께서 3일 여정을 준비하신 것은 만일 아브라함이 즉흥적인 순종으로 아들을 번제로 드리기로 결심했다면, 그 결심을 얼마든지 번복할 수 있는 시간을 주고자 하셨기 때문이다. 아브라함이 이삭을 번제로 바치기 위해 그를 데리고 길을 떠난 것은 그가 감당해야 하는 시험의 가장 어려운 부분이었다. 아브라함은 길에서 보낸 3일 동안 끊임없이 '이 아이를 정말 죽여야 한단 말인가?'라는 질문에 고민했을 것이다. 결국 3일 끝에 그는 이삭을 육체적으로 드리기 전에 먼저 마음으로 드렸을 것이다.

3 왜 아브라함은 종들을 산밑에 두고 이삭과 단 둘이 산에 올랐는가?(22:5)

방해 요소 제거

Tip

아브라함은 두 종을 산 밑에 남겨 두고 최악의 경우를 생각하며 만전을 기했다. 혹시 종들이 말리는 불상사가 일어날까봐 그는 두 종을 산 밑에 두고 아들과 단 둘이 산에 올랐다. 이것은 이삭을 온전히 드리겠다는 결단을 보여 주고 있다.

●인간 번제

- 고대근동– 다산을 축복으로 주는 신들은 그 축복의 일부를 제물로 요구할 수 있는 권한이 있다고 생각한다.
  신들에게 사람을 번제로 바침으로써 지속적인 축복을 보장받고자 한다.
- 하나님– 인간 번제를 요구할 마음이 없으시며, 이삭을 요구하신 것은 **아브라함의 믿음을 테스트하기 위해서**이다(22:1).

4 여호와 이레의 의미는 무엇인가?(22:14)

여호와께서 미리 준비하신다

Tip

'여호와 이레'는 여호와께서 미리 예비하셨다는 아브라함의 신앙고백이다. 이곳을 '아브라함 샤마'(아브라함이 순종하였다)로 부르지 않고 '여호와 이레'라고 부르는 것은, 비록 아브라함이 대단한 일을 해 낸 것은 사실이지만 이야기의 초점을 그의 믿음이 아니라 하나님의 예비하심과 보살피심에 맞춘 것이기 때문이다. 저자는 이 일로 인해 아브라함을 영웅화하거나 기념하기 보다는 하나님을 높이고 기념하고 있다.

5 하나님이 보신 아브라함의 2가지 순종은 어떻게 나타나 있는가?(22:16-18)

16절: "네 아들 네 독자도 아끼지 아니하였은즉"

18절: "네가 나의 말을 준행하였음이라"

Tip

아브라함이 시험을 통과한 다음 하나님께서는 그와 맺었던 언약을 다시 한번 확인해 주셨다. 그러나 가장 강조되는 것은 번성 그 자체에 있는 것이 아니라 아브라함의 순종에 따른 하나님의 언약의 재확인인 것이다. 이는 하나님의 축복이 그의 '독자도 아끼지 아니한 것'(16절)과 아브라함이 '나(하나님)의 말을 준행'(18절) 하였기 때문에 임하였고, 하나님께서는 아브라함의 순종을 통해 세상 모든 민족이 덕을 입어 복을 받게 될 것을 선언하셨다(18절).

Ⅵ. 적용과 나눔

삶의 내비게이션 - 적용

1 아브라함처럼 당신에게 3일의 준비 기간이 주어진다면 당신은 어떻게 행동했겠는가?

관찰문제 2번 참조. 아브라함은 하나님의 시험에 지체없이 출발하는 믿음과 순종의 모습을 보여준다.

이 문제는 가볍게 서로의 솔직한 심정을 이야기하도록 인도한다. 다양한 의견이 나올 수 있다. 그러나 이 문제의 정답은 없다. 다만 인도자는 서로의 이야기를 통해서 문제에 대처하는 각자의 자세나 모양을 알 수 있다.

예) 이삭의 소원을 모두 들어준 후 출발, 2일은 자고 마지막 3일째 출발, 이삭에게 맛있는 음식을 먹임 등.

2 아브라함은 하나님의 시험을 믿음과 순종으로 통과했다. 당신은 세상의 유혹과 하나님의 시험을 구분할 수 있는가?

관찰문제 1번 참조. 하나님께서 아브라함을 시험하셨듯이 우리도 시험하실 수 있다. 우리가 받는 시험은 하나님의 시험과 사단의 시험으로 나눌 수 있다. 하나님의 시험은 우리를 더욱 경건하게 하고, 거룩하게 하며, 온전에 이르게 한다. 그러나 사단의 시험은 우리를 죄로 몰아간다. 하나님의 시험은 윤리적인 문제가 아니라 말씀에의 순종에 따른 결단과 선택을 요구한다. 그러나 사단은 윤리적인 문제로 우리를 유혹하여 죄를 범하게 한다. 하나님께서는 우리를 시험하시지만 결코 유혹하시지 않는다. 그러나 사단은 우리를 유혹할 수는 있어도 시험할 수는 없다.

인도자는 하나님의 시험(Test)과 사단의 유혹(Temptation)을 구분할 수 있는지 서로의 구분 방법에 대해 이야기를 나누도록 한다.

〈구분〉

	하나님의 시험(Test)	사단의 유혹(Temptation)
출처	하나님	내 죄
목적	성숙한 믿음으로 인도	무너뜨리기 위해
방법	순종의 선택	윤리적 타락
결과	하나님께 더 가까이	하나님과 멀어짐

3 여호와 이레의 하나님을 경험할 수 있었던 것은 아브라함에게 순종하는 믿음이 있었기 때문이다. 당신에게 여호와 이레의 하나님을 경험하기 위해 필요한 영역은 무엇인가?

관찰문제 4번 참조. 여호와 이레의 하나님은 아브라함의 순종이라는 조건을 충족했을 때 이루어졌다. 아브라함을 믿음의 조상으로 두고 있는 우리도 여호와 이레의 하나님을 경험할 수 있다. 그 하나님을 경험하기 위해서는 각자가 하나님의 시험을 통과 해야 할 것이다. 이를 위해 각자에게 필요한 조건 또는 영역은 무엇이 있는지 서로 이야기를 나누어 보도록 한다.

예) 순종, 경건, 비움, 내려놓음 등

서로에게 필요한 것들을 이야기했다면 이것을 통해 여호와 이레의 하나님을 만나기 위해 서로 결단하는 시간을 갖도록 한다.

Ⅶ. 마무리

- 기도로 마무리한다.
- 제12주 관찰문제를 예습해 오도록 한다.
- 실천 과제를 제시한다.

생활의 아로마 - 실천

예 1) 시험과 유혹을 구분하기 – 현재 당면하고 있는 시험을 당당히 받고, 유혹은 뿌리치기

2) 여호와 이레의 하나님을 경험하기 위해 필요한 조건을 충족하기

제12주

축복을 안겨 준 선행

창세기 24:15-49

학습목표

1. 하나님은 우리의 기도에 세밀하고 구체적으로 인도하시는 분이라는 것을 알 수 있다.
2. 우리가 헤세드(자비, 긍휼, 인애)를 베풀면 하나님의 축복을 경험할 수 있다.

KEYWORD 인도하심, 기도 응답, 선행

Ⅰ. 찬양과 기도

Ⅱ. 지난주 실천 과제 나눔

Ⅲ. 복습문제 풀이

복습

1 하나님께서 아브라함을 부르신 목적은 무엇인가?(22:1)

아브라함을 시험하기 위해서

2 '여호와 이레'의 의미는 무엇인가?(22:14)

여호와께서 미리 준비하신다.

◈ 건너 뛴 장 내용 요약

• 23장_ 사라의 죽음

Ⅳ. 말씀 창세기 24:15-49을 다함께 읽는다

24:15 말을 마치기도 전에 리브가가 물동이를 어깨에 메고 나오니 그는 아브라함의 동
생 나홀의 아내 밀가의 아들 브두엘의 소생이라 16 그 소녀는 보기에 심히 아리땁고
지금까지 남자가 가까이 하지 아니한 처녀더라 그가 우물로 내려가서 물을 그 물동이
에 채워가지고 올라오는지라 17 종이 마주 달려가서 이르되 청하건대 네 물동이의 물
을 내게 조금 마시게 하라 18 그가 이르되 내 주여 마시소서 하며 급히 그 물동이를 손
에 내려 마시게 하고 19 마시게 하기를 다하고 이르되 당신의 낙타를 위하여서도 물을
길어 그것들도 배불리 마시게 하리이다 하고 20 급히 물동이의 물을 구유에 붓고 다
시 길으려고 우물로 달려가서 모든 낙타를 위하여 긷는지라 21 그 사람이 그를 묵묵히
주목하며 여호와께서 과연 평탄한 길을 주신 여부를 알고자 하더니 22 낙타가 마시기
를 다하매 그가 반 세겔 무게의 금 코걸이 한 개와 열 세겔 무게의 금 손목고리 한 쌍
을 그에게 주며 23 이르되 네가 누구의 딸이냐 청하건대 내게 말하라 네 아버지의 집
에 우리가 유숙할 곳이 있느냐 24 그 여자가 그에게 이르되 나는 밀가가 나홀에게서
낳은 아들 브두엘의 딸이니이다 25 또 이르되 우리에게 짚과 사료가 족하며 유숙할 곳
도 있나이다 26 이에 그 사람이 머리를 숙여 여호와께 경배하고 27 이르되 나의 주인
아브라함의 하나님 여호와를 찬송하나이다 나의 주인에게 주의 사랑과 성실을 그치
지 아니하셨사오며 여호와께서 길에서 나를 인도하사 내 주인의 동생 집에 이르게 하
셨나이다 하니라 28 소녀가 달려가서 이 일을 어머니 집에 알렸더니 29 리브가에게 오
라버니가 있어 그의 이름은 라반이라 그가 우물로 달려가 그 사람에게 이르러 30 그의
누이의 코걸이와 그 손의 손목고리를 보고 또 그의 누이 리브가가 그 사람이 자기에게
이같이 말하더라 함을 듣고 그 사람에게로 나아감이라 그 때에 그가 우물가 낙타 곁
에 서 있더라 31 라반이 이르되 여호와께 복을 받은 자여 들어오소서 어찌 밖에 서 있
나이까 내가 방과 낙타의 처소를 준비하였나이다 32 그 사람이 그 집으로 들어가매 라
반이 낙타의 짐을 부리고 짚과 사료를 낙타에게 주고 그 사람의 발과 그의 동행자들의
발 씻을 물을 주고 33 그 앞에 음식을 베푸니 그 사람이 이르되 내가 내 일을 진술하기
전에는 먹지 아니하겠나이다 라반이 이르되 말하소서 34 그가 이르되 나는 아브라함
의 종이니이다 35 여호와께서 나의 주인에게 크게 복을 주시어 창성하게 하시되 소와
양과 은금과 종들과 낙타와 나귀를 그에게 주셨고 36 나의 주인의 아내 사라가 노년에
나의 주인에게 아들을 낳으매 주인이 그의 모든 소유를 그 아들에게 주었나이다 37 나

의 주인이 나에게 맹세하게 하여 이르되 너는 내 아들을 위하여 내가 사는 땅 가나안
족속의 딸들 중에서 아내를 택하지 말고 38 내 아버지의 집, 내 족속에게로 가서 내 아
들을 위하여 아내를 택하라 하시기로 39 내가 내 주인에게 여쭈되 혹 여자가 나를 따
르지 아니하면 어찌하리이까 한즉 40 주인이 내게 이르되 내가 섬기는 여호와께서 그
의 사자를 너와 함께 보내어 네게 평탄한 길을 주시리니 너는 내 족속 중 내 아버지
집에서 내 아들을 위하여 아내를 택할 것이니라 41 네가 내 족속에게 이를 때에는 네
가 내 맹세와 상관이 없으리라 만일 그들이 네게 주지 아니할지라도 네가 내 맹세와
상관이 없으리라 하시기로 42 내가 오늘 우물에 이르러 말하기를 내 주인 아브라함의
하나님 여호와여 만일 내가 행하는 길에 형통함을 주실진대 43 내가 이 우물 곁에 서
있다가 젊은 여자가 물을 길으러 오거든 내가 그에게 청하기를 너는 물동이의 물을 내
게 조금 마시게 하라 하여 44 그의 대답이 당신은 마시라 내가 또 당신의 낙타를 위하
여도 길으리라 하면 그 여자는 여호와께서 내 주인의 아들을 위하여 정하여 주신 자가
되리이다 하며 45 내가 마음속으로 말하기를 마치기도 전에 리브가가 물동이를 어깨
에 메고 나와서 우물로 내려와 긷기로 내가 그에게 이르기를 청하건대 내게 마시게 하
라 한즉 46 그가 급히 물동이를 어깨에서 내리며 이르되 마시라 내가 당신의 낙타에게
도 마시게 하리라 하기로 내가 마시매 그가 또 낙타에게도 마시게 한지라 47 내가 그
에게 묻기를 네가 뉘 딸이냐 한즉 이르되 밀가가 나홀에게서 낳은 브두엘의 딸이라 하
기로 내가 코걸이를 그 코에 꿰고 손목고리를 그 손에 끼우고 48 내 주인 아브라함의
하나님 여호와께서 나를 바른 길로 인도하사 나의 주인의 동생의 딸을 그의 아들을 위
하여 택하게 하셨으므로 내가 머리를 숙여 그에게 경배하고 찬송하였나이다 49 이제
당신들이 인자함과 진실함으로 내 주인을 대접하려거든 내게 알게 해 주시고 그렇지
아니할지라도 내게 알게 해 주셔서 내가 우로든지 좌로든지 행하게 하소서

V. 관찰문제의 바른 답

말씀 돋보기 - 관찰

1 이삭의 아내를 구하러 나홀 성에 도착한 아브라함의 종이 기도를 마치기도 전에 나타난 사람은 누구이며, 그의 기도는 어떻게 응답되었는가?(24:15, 17-20)

누구 : 리브가

응답 : 종이 '물 한 모금을 달라'고 요청하자 '당신과 당신의 짐승에게 다 마시도록 하

겠다'라고 친절하게 화답함, 종의 기도에 대한 세밀하고 구체적인 응답

Tip 종이 우물가에 앉아서 기도를 마치기 전에 리브가가 나타났다. 구약에서 혼사에 관한 일은 흔히 우물가에서 시작된다. 이삭, 야곱, 모세 모두 우물가에서 배우자를 만났다. 그러므로 종이 우물가를 맴도는 것은 머지 않아 혼인에 관한 일이 벌어질 것을 암시한다. 종은 주인 아브라함의 하나님의 인도하심과 섭리가 자신과 자신이 맡은 일에 함께 한다는 증거가 될 구체적인 이적을 달라고 기도했다(24:12~14, 42~44). 그 기도를 마친 종은 자기가 기도한 대로 '물 한 모금을 달라'는 요청에 '당신과 당신의 짐승에게 다 마시도록 하겠다'라고 친절하게 화답하는 리브가를 만나는 응답을 받았다.

● **열 마리 낙타가 마실 물**

한 마리가 마실 수 있는 물 = 100리터 X 10마리 = 1000리터 = 1톤 = 67양동이(15리터)

보통 사람이 쉽게 낙타에게 물을 먹이겠다고 말할 수 있는 양이 아니다.

2 창세기 18장에서 살펴본 아브라함의 이야기와 본문에 나타난 리브가의 이야기에는 공통점이 있다. 그것은 무엇인가?(24:17-20)

낯선 사람을 극진히 대접함

Tip

〈아브라함과 리브가의 공통점〉

	아브라함(12,18장)	리브가(24장)
특별한 대접	낯선 사람을 대접-천사	낯선 사람을 대접-결혼
떠나는 곳	'아비의 집'을 떠나 약속의 땅으로	'아비의 집'을 떠나 남편의 땅으로
약속의 말씀	"네 씨가 대적의 성문을 차지하리라"(22:17)	"네 씨로 그 원수의 성문을 얻게 할지어다"(24:60)
순종의 자세	'떠나라'는 명령에 순종	'꼭 가리라'는 적극적 순종
결단력	믿음으로 아비와 친척의 집을 떠나 미지의 땅으로	남편의 얼굴도 못 본 상태에서 믿음으로 가나안행 결정

3 선물을 받은 리브가가 달려간 곳은 어디이며, 마중 나온 사람은 누구인가?(24:28, 29)

어머니의 집, 오빠 라반

Tip 리브가가 달려간 곳은 '아버지의 집'이 아니라 '어머니의 집'이었다. 그녀의 이야기를 들은 오빠 라반은 집안을 대표하여 우물가로 달려갔다. 혼인문제에 대해 어머니와 오빠와 상의하는 것으로 보아 그녀의 아버지 브두엘은 이미 세상을 떠났거나 오랜 지병으로 인해 집안을 이끌어 나가기에는 너무 쇠약한 상태인 것으로 보인다.

4 아브라함의 종은 라반의 집에 초대되어 식사를 대접받기 전에 무엇을 요구했는가?(24:33)

자신이 누구이며 어떤 목적으로 왔는지 그리고 어떤 일이 있었는지 자기의 이야기에 귀를 기울여 줄 것을 요구했다.

Tip 라반의 집에 도착한 종 일행은 극진한 환대를 받았다. 식탁에 앉은 종은 자신의 이야기를 하기 전에는 먹을 수 없다며 라반 일가가 자기 이야기에 귀를 기울여 줄 것을 요구했다. 종의 요청은 매우 지혜로운 것이었으며, 그가 이 상황을 주도해 가고 있는 자라는 점을 확인해 준다. 자신의 이야기와 요구사항을 말하기 전에 음식을 먹은 것은 상대의 요구에 자신을 얽매는 불상사를 유발할 수도 있기 때문이다.

5 아브라함의 종이 간증을 통해서 강조하고 있는 것은 무엇인가?(24:40, 42, 48)

하나님의 인도하심과 섭리

Tip 아브라함의 종은 간증을 통해 리브가가 이삭의 아내로 선택받은 것은 하나님의 인도하심과 특별한 섭리라는 사실을 강조하고 있다. 아브라함은 그의 하나님께서 천사들을 앞에 보내어 모든 일을 준비해 놓으실 것을 예언했는데(24:7, 40) 그대로 이루어졌다. 성경에서 똑같은 내용이 반복될 때는 그 내용이 전하고자 하는 중심 사상을 강조한다. 저자는 종의 간증을 통해서 그 동안 진행되었던 일들을 다시 한번 정리함으로써 이 사건의 중심 사상인 하나님의 인도하심을 강조하고 있다. 하나님은 아브라함의 종의 기도에 가장 세밀하고도 구체적으로 응답해 주셨다.

삶의 내비게이션 - 적용

1 아브라함의 종은 기도를 마치기도 전에 응답을 받는다. 당신에게도 세밀하고도 구체적으로 응답받은 경험이 있다면 무엇인가?

관찰문제 4번 참조. 아브라함의 종은 그의 기도가 리브가를 통해서 세밀하고 구체적으로 응답 받는다. 이것은 하나님의 인도하심의 결과일 것이다. 세밀하고 구체적인 기도 응답은 먼저 구체적인 기도가 선행되어야 할 것이다.

먼저 각자 하나님께서 기도에 어떻게 응답하셨는지 이야기를 나누어 보도록 한다. 그리고 구체적인 기도제목으로 기도 드린 경험과 그에 대한 응답에 대해서도 이야기하도록 한다. 구체적인 기도와 두리뭉실한 기도의 차이는 무엇인지 이야기를 나누는 것도 유익하다.

예) 배우자에 대한 기도 목록과 그에 대한 응답
진학할 학교나 과에 대한 기도 목록과 그에 대한 응답
매년 만나는 자녀들의 선생님에 대한 기도 목록과 그에 대한 응답
자녀에 대한 기도 목록과 그에 대한 응답
믿지 않는 이웃에 대한 기도 목록과 그에 대한 응답

2 리브가가 열 마리의 낙타에게 물을 먹이는 일은 엄청난 인내와 자비를 보여 준다. 리브가는 요구되는 것 이상의 일을 해서 축복을 받았다. 당신이 기대이상 혹은 요구되는 것 이상으로 베풀 수 있는 선행과 자비는 무엇인가?

관찰문제 1번 참조. 낙타는 피의 혈장 속에 물을 저장하는 특징이 있어서 물이 없이도 며칠을 지낼 수 있는 동물이다. 그래서 목마른 낙타가 한꺼번에 마실 수 있는 물의 양은 100리터에 이른다. 리브가 앞에는 목마른 10마리의 낙타가 있다. 그러나 리브가는 서슴없이 목마른 낙타에게 물을 먹인다. 리브가의 선행은 흔히 할 수 있는 단순한 일이 아니다. 고된 노동과 인내가 필요한 작업이었다. 우리가 베풀어야 될 선행도 누구나 할 수 있는 일도 있겠지만 고된 노동이 필요한 경우도 있고, 끊임없이 참고 인내해야 하는 경우도 있다.

각자가 현재 베풀 수 있는 선행과 자비는 무엇이 있는지 이야기를 나누어 본다. 그리고 리브가와 같이 요구되는 것 이상의 선행이 필요한 것을 알면서도 나서지 못했던 경우, 혹은 그 일을 실천해서 얻은 축복에 대해 이야기를 나누어 본다.

3 아브라함의 종은 간증을 통해 하나님이 어떤 분이신지 이야기한다. 그분은 우리의 모든 필요를 준비해 주시는 여호와 이레의 하나님이시다. 당신에게 하나님은 어떤 분이신가?

관찰문제 5번 참조. 성경은 하나님의 성호에 대해 언급하고 있다. 여호와 이레(창 22:14), 여호와 라파(출 15:26), 여호와 닛시(출 17:15), 여호와 삼마(겔 48:35) 등 다양하게 표현되고 있다. 각자에게 하나님은 어떤 분이신지 이야기하도록 한다.

인도자는 참석자 전원이 여호와 이레의 하나님을 고백할 수 없다는 사실을 알고 있을 것이다. 모든 사람이 똑같은 상황과 처지는 아니므로 각자의 상황들에 대해 감사하도록 유도한다. 또한 거듭되는 실패를 경험하고 있는 경우라면 미래에 대해 소망을 갖고 기다리도록 위로한다. 아브라함도 25년의 긴 세월을 기다리고 실패를 거듭하는 경험을 했다는 것을 깨닫도록 하여 힘든 과정이지만 소망을 갖도록 돕는다.

Ⅶ. 마무리

- 기도로 마무리한다.
- 창세기 3권으로 초대한다.
- 실천 과제를 제시한다.

생활의 아로마 - 실천

예 1) 오늘 이 순간은 어렵지만 예비하시는 하나님을 기대하며 소망을 구체적으로 적고 기도하도록 한다.
2) 일주일 동안 하나님의 성호를 찬양한다.

창세기(II) 말씀 공부를 통한 삶의 변화 일지

주	나의 말씀 적용 (생활의 아로마)	실천 과정과 결과
1주		
2주		
3주		
4주		
5주		
6주		

주	나의 말씀 적용 (생활의 아로마)	실천 과정과 결과
7주		
8주		
9주		
10주		
11주		
12주		

창세기(II) 엑스포지멘터리 성경공부 출석

	1	2	3	4	5
이름 / 주					
OT (월 일)					
1주 (월 일)					
2주 (월 일)					
3주 (월 일)					
4주 (월 일)					
5주 (월 일)					
6주 (월 일)					
7주 (월 일)					
8주 (월 일)					
9주 (월 일)					
10주 (월 일)					
11주 (월 일)					
12주 (월 일)					
합계					
연락처					
메모 (가족/기도)					

6	7	8	9	10	11	12

비밀 유지 서약서

나는 이 그룹에서 나눈 것들을 다른 곳에 누설하지 않기로 약속합니다. 또한 다른 그룹원들이 숨기고자 하는 내용을 나누도록 압력을 가하지 않기를 약속합니다. 하나님과 그룹원들에게 나의 약속을 성실히 이행할 것을 서약합니다.

서명 ______________________

날짜 ______________________

송병현 〈엑스포지멘터리 시리즈〉의 저자. 캐나다 틴대일 대학교(B. Th.)와 미국 시카고 트리니티 복음주의신학교를 졸업하고(M. Div.) 동 대학원에서 박사학위(Ph. D.)를 받았다. 1997년부터 백석대학교 구약학 교수로 봉직 중이며 2009년부터는 선교지의 지도자 교육을 위해 강사진을 파송하는 STAR 선교회를 이끌고 있다. 목회자와 신학생뿐 아니라 하나님의 말씀에 진지하게 귀기울이기 원하는 이 땅의 그리스도인들을 섬기기 위해 활발한 성경강해와 해석 사역을 펼치고 있다.

송(임)우민 캐나다 틴대일 대학교(B. Th.)와 미국 시키고 트리니티 복음주의신학교를 졸업(M. Div.), LA에 있는 탈봇신학교에서 기독교교육학으로 박사학위(Ph. D.)를 받았다. 20여 년간 북미와 한국에서 영어 주일학교 전도사로 교회학교 현장에서 사역하였으며, CMIS 캐나다국제학교 이사, Korea Montessori College 교수, 몬테쏘리 교사 및 컨설턴트 등 다양한 교육학적 경력을 통해 학부모 세미나, 부부 세미나, 교사 세미나와 주요 강사로서 가정과 주일학교를 말씀으로 세우기를 갈망하는 부모와 교사들을 섬기고 있다. 현재 백석예술대학교 사회복지학부 전임 교수로 봉직 중이며, 남편 송병현 교수와 함께 STAR 선교회 이사로 섬기고 있다.

엑스포지멘터리 성경공부 시리즈 창세기(Ⅱ) – 인도자용

초판 1쇄 발행 2013년 4월 10일
개정판 1쇄 발행 2021년 5월 25일

지은이 송병현, 임우민
구성 신윤영

펴낸곳 도서출판 이엠
등록번호 제25100–2015–000063
주소 서울시 강서구 공항대로 220, 601호
전화 070–8832–4671
E–mail empublisher@gmail.com

내용 및 세미나 문의 스타선교회: 02–520–0877 / EMail: starofkorea@gmail.com / www.star123.kr

ISBN 979–11–86880–84–5 93230

「이 도서의 국립중앙도서관 출판시도서목록(CIP)은 서지정보유통지원시스템 홈페이지(http://seoji.nl.go.kr)와 국가자료공동목록시스템(http://www.nl.go.kr/kolisnet)에서 이용하실 수 있습니다. (CIP제어번호:CIP2015000753)」